엄마도
영어 공부
할 거야!
II

엄마도
영어 공부
할 거야!
Ⅱ

ⓒ 정선미, 2016

초판 1쇄 발행 2016년 7월 22일
    3쇄 발행 2022년 10월 20일

지은이	정선미
펴낸이	이기봉
편집	좋은땅 편집팀
펴낸곳	도서출판 좋은땅
주소	서울특별시 마포구 양화로12길 26 지월드빌딩 (서교동 395-7)
전화	02)374-8616~7
팩스	02)374-8614
이메일	gworldbook@naver.com
홈페이지	www.g-world.co.kr

ISBN   979-11-5982-216-2 (13740)

- 가격은 뒤표지에 있습니다.
- 이 책은 저작권법에 의하여 보호를 받는 저작물이므로 무단 전재와 복제를 금합니다.
- 파본은 구입하신 서점에서 교환해 드립니다.

| 정선미 |

엄마도 영어 공부 할 거야!

II

알파벳부터 시작해야 하는 초보들을 위한 왕초보 생활영어

좋은땅

: 시작하며

우리의 평생 과제와도 같은 영어! 누구나 다 영어를 잘하고 싶고, 왠지 영어를 잘하면 자신감도 생기고 멋있어 보이는 것 같은데… 알면서도 쉽게 되지 않은 것 또한 영어라고 생각합니다.

큰 용기를 내어 영어학원에 가면 "이 정도는 다 알죠?" "이건 중학교 때 다 배웠죠?" 하는 말들 뿐. 다들 아는 것 같은데 나만 모르는 건가? 하는 생각에 잘 모르지만 그냥 나도 아는 척 하기 십상이고, 그래도 '학원을 다닌다는 자체가 나는 다른 사람들보다 앞서 나가는 거야'라는 자기 위로를 해봅니다. 하지만 일주일에 3번 가던 학원, 일 있어 하루 빠지게 되고, 다신 빠지지 말아야지 하고선 아파서 또 하루, 오랜만에 보는 친한 친구 만나야 해서 또 하루… 이렇게 반복되다 보면, '괜찮아' 개인 사정으로 인해 학원에 못 나오면 못 들은 강의만큼 다음 달로 이월해 준다 했으니, 다음 달부터 다시 열심히 다녀야지 하며 다음 달을 기다리다가 결국 다시 제자리로 돌아오게 됩니다.

영어 공부를 포기하고 싶지는 않고 학원비가 아까우니까, 그럼 책을 사서 독학을 하자! 하고 서점을 가도, 내 수준에 맞는 책은 알파벳인데 '어떻게 알파벳 책을 들고 다녀 남들 보기에 창피하게' 라는 생각에 잘 모르는 토익책, 고급 영문법책 등을 뒤적입니다. 그나마 남들 보기 창피하지 않으면서 조금이라도 쉬운 책을 들고 오지만 막상 혼자 사전 찾아가며 공부하려니 내가 한국말을 못하는 건가? 영어를 못하는 건가? 하는 생각에 빠지게 되고, 도저히 혼자서는 안 되겠다. '그래, 학원 가기도 힘들고 독학도 힘드니 인터넷 강의를 들어보자!'

해서, 열심히 무료 인강도 듣고 나에게 맞는 강의를 찾아보기도 합니다. 하지만 이 또한 매일매일 공부하기란 참 쉽지 않습니다. 그러다 '괜찮아 인터넷은 일정 기간 동안 무제한으로 볼 수 있어~ 오늘 못 본 거 내일 보면 되지. 중간부터 하면 좀 그러니까 월요일부터 새 마음, 새 뜻으로 다시 하자!'라는 다짐과 함께 월요일부터 시작하기로 한 게 또 다음 주로 미뤄지고, 다음 달, 내년, 이렇게 시간이 흘러 인터넷강의 또한 기한 만료…

이러한 영어 공부 습관은 나뿐만이 아니라 많은 사람들이 공감할 것이라 생각합니다. 왜냐하면 저 또한 영어 공부를 처음 시작했을 때 그랬기 때문입니다. 문제가 무엇인지 알면서도 자기 위로와 나 자신에겐 너무나도 긍정적이었던 습관이 변질되어 나타나고, 그렇다고 해서 쉽게 포기할 수 없었던 것 또한 영어인 것 같습니다.

그래서, 영어 공부를 처음부터 시작하는 사람들이 영어 공부를 포기하지 않도록 할 수 있는 기초영어강의를 만들고 싶었습니다. 그래서 나도 이렇게 배웠더라면 좀 더 쉽고 빠르게 이해하였을 것인데, 하였던 경험과 바탕을 모아 만들어진 것이 네이버 밴드 '왕초보 생활영어'였습니다. 네이버 밴드 '왕초보 생활영어'는 진짜 초보만을 위한 기초영문법이고 이렇게까지 설명할 필요가 있나 싶을 정도로 자세한 강의로 이루어져 있는 초급영문법입니다.

이 책을 통하여 학원을 등록하기 전, 인터넷 강의를 듣기 전, 혹은 독학을 하기 전에 영어에 대한 자신감과 충분한 밑거름을 쌓을 수 있는 땅을 다지는 시간이 되었으면 좋겠습니다. 이렇게 2권이 책으로 나올 수 있도록 교정을 도와주신 김영식, 김영웅, 김주용, 김지윤, 오연희, 유연숙, 전상록님을 비롯한 네이버 밴드 '왕초보 생활영어' 모든 회원님들께 진심으로 감사드리며 영어 공부를 하고 싶지만 쉽게 되지 않으셨던 분들에게 이 책을 바칩니다. 마지막으로 이 책을 쓰는 동안 도움 주었던 많은 분께 감사의 말을 전합니다.

2016년 여름
정선미 드림

: 목차

시작하며 ⋯4

101강_ 이것은 OOO입니다. ⋯10
102강_ 나는 나의 점심을 빠르게 먹었다. ⋯14
103강_ 그는 빠르게 달린다. ⋯17
104강_ fast와 quickly의 차이. ⋯20
105강_ 나는 아침에 항상 커피를 마셔요. ⋯23
106강_ 요즘, 나는 영어 공부를 많이 해. ⋯27
복습하기1(101-106강) ⋯29

107강_ 나는 너보다 나이가 더 많아. ⋯32
108강_ 사과가 오렌지보다 더 맛있어요. ⋯35
109강_ 가을은 겨울보다 더 좋은 계절이에요. ⋯38
110강_ 나는 가장 어린 학생입니다. ⋯41
111강_ 나는 우리 반에서 가장 어린 학생입니다. ⋯43
112강_ 건강이 무엇보다 가장 중요합니다. ⋯45
복습하기2(107~112강) ⋯48

113강_ 가을이 사계절 중에서 최고 좋아요. ⋯50
114강_ 너는 이 책을 읽어야 해. ⋯52
115강_ 너는 쉬는 것이 좋겠어. ⋯54
116강_ must와 should의 부정형. ⋯56
117강_ have to의 부정형. ⋯58
118강_ 나는 (아직까지) 잘 못 잤어. ⋯61
복습하기3(113~118강) ⋯65

119강_ 오늘은 어제만큼 더워요. ⋯67
120강_ 오늘은 어제만큼 덥지 않아요. ⋯70
121강_ 배는 사과보다 더 맛있어요.
         그러나 수박만큼은 아니에요. ⋯72
122강_ 그 음악은 너무 시끄러워요. ⋯76

123강_ 책상 위에 책 한 권이 있어요. ⋯78
124강_ 냉동고에 아이스크림이 있어요. ⋯81
복습하기4(119~124강) ⋯84

125강_ 정원에 꽃들이 있어요. ⋯86
126강_ 책상 위에 지우개가 없어요. ⋯88
127강_ 글라스에 물이 없어요. ⋯91
128강_ 나는 공부하기에는 너무 바빠요. ⋯94
129강_ 내가 마시는 커피는 맛있어요. ⋯97
130강_ 띄어쓰기가 있는 형용사. ⋯100
복습하기5(125~130강) ⋯104

131강_ 내가 싫어하는 색은 분홍색입니다. ⋯106
132강_ 그는 내가 존경하는 작가이다. ⋯108
133강_ 이 차는 내가 어제 본 차예요. ⋯111
134강_ 나는 해변에서 그녀를 만났다. ⋯114
135강_ 벽에 그림이 있어요. ⋯117
136강_ 덥다. ⋯120
복습하기6(131~136강) ⋯122

137강_ 나는 그를 좋아한다. 왜냐하면,
         그는 똑똑하기 때문에 ⋯124
138강_ 나는 창문을 열었다.
         왜냐하면, 더웠기 때문에 ⋯127
139강_ 나는 화가 나! 너 때문에! ⋯130
140강_ 나는 더운 날씨 때문에
         아이스커피를 마셨다. ⋯133
141강_ 나는 네가 다시 오길 바라다. ⋯136
142강_ 나는 그 (사람) 때문에
         내가 예쁘다는 것을 깨달았어. ⋯140
복습하기7(137~142강) ⋯143

143강_ 네가 나한테 전화했을 때
나는 자고 있는 중이었어. …145
144강_ 나는 가을이 오면 설악산에 갈 거야. …148
145강_ 어떤 종류의 차를 좋아하세요? …151
146강_ 나는 그가 어떤 유형의 여자를
좋아하는지 알아. …153
147강_ 나는 그녀가 무엇을 좋아하는지 몰라. …156
148강_ 나는 계속 아팠어. …158
복습하기8(143~148강) …161

149강_ 나는 미국에 가 본 적이 있어요. …164
150강_ 너 여기서 잤어? …167
151강_ 너는 내 블로그에 가 본 적 있니? …170
152강_ 그녀는 미국에 가 버렸다. …173
153강_ 나는 지금까지 일하고 있어. …175
154강_ 나는 너에 의해서 사랑받았다. …178
복습하기9(149~154강) …181

155강_ 나는 1983년 5월 10일에 태어났다. …183
156강_ 나는 물을 원해요(공손한 표현). …185
157강_ 나는 여행 가고 싶어요(공손한 표현). …188
158강_ 커피 드시겠어요?
아니면 차 드시겠어요? …191
159강_ 뭐 드실래요? …193
160강_ 제가 저녁 해 드릴까요? …195
복습하기10(155~160강) …197

161강_ 나에게 물 좀 가져다 줘. …199
162강_ 강조할 때 쓰는 말 Just. …202
163강_ 미드 맘(Mom) 같이 보기. …204

164강_ 너는 꼭 조인성 같다. …207
165강_ 네가 나에게 거짓말을 해서,
나는 화가 났다. …210
166강_ 즐거운 추석 보내세요. …213
복습하기11(161~166강) …215

167강_ 너는 어제 얼마나 공부했니? …217
168강_ 나는 7시에 일어난 후 샤워를 한다. …220
169강_ 나는 7시에 일어난 후 샤워할 거야. …223
170강_ 나는 7시에 일어난 후 샤워했어요. …225
171강_ 나는 아침을 먹기 전에 물을 마셔요. …227
172강_ 나는 아침을 먹기 전에 물을 마실 거야. …230
복습하기12(167~172강) …232

173강_ 나는 아침을 먹기 전에 물을 마셨다. …235
174강_ 나는 일어나자마자 그에게 전화를 합니다. …237
175강_ 나는 일어나자마자 그녀에게 전화할 거야. …241
176강_ 나는 일어나자마자 너에게 전화했다. …244
177강_ 내가 살아있는 한
너는 그녀를 만날 수 없어. …247
178강_ 3년이 지났다. …250
복습하기13(173~178강) …253

179강_ 내가 서울에 온 이후로 3년이 지났다. …256
180강_ 비가 오기 때문에 우산을 찾고 있는 중이야. …258
181강_ 나는 슬퍼도 울지 않을 거야. …261
182강_ Though, although, Even though의 차이. …264
183강_ 우리 가자! …266
184강_ 만약 내가 바빴다면, …269
복습하기14(179~184강) …272

185강_ 만약 내가 바빴다면,
　　　　　너를 만나지 못 했을 거야. …274
186강_ 나는 그녀가 여기 있었으면 좋겠어. …278
187강_ 네가 거기 있었으면 좋았을 텐데. …281
188강_ 버스 정류장은 우리 집 앞에 있어요. …283
189강_ 나는 그녀 뒤에 앉아 있어요. …286
190강_ 일하는 것은 즐거워요. …288
복습하기15(185~190강) …291

191강_ 내 취미는 일하는 것입니다. …293
192강_ 그는 충분히 똑똑하다. …296
193강_ 그는 서울대 가기에 충분히 똑똑하다. …299
194강_ 나도 좋아해. …301
195강_ 앨리스의 고양이. …303
196강_ 나는 나갈지도 몰라. …306
복습하기16(191~196강) …308

197강_ 나는 그것을 할 수 있다. …310
198강_ 나는 그녀를 만나고 싶지 않아요. …312
199강_ 나는 공부할 거야. …315
200강_ 영화 'Taken' 같이 보기. …319
복습하기17(197~200강) …322

〈직접 써볼까요?〉 해답지 …324

[매일매일 도장 쾅쾅!]

"하루에 하나씩 꼭! 공부한다"는 마음으로 매일매일 체크를 하면서 목표 달성을 해 보도록 해요!

101	102	103	104	105	106	107	108	109	110
111	112	113	114	115	116	117	118	119	120
121	122	123	124	125	126	127	128	129	130
131	132	133	134	135	136	137	138	139	140
141	142	143	144	145	146	147	148	149	150
151	152	153	154	155	156	157	158	159	160
161	162	163	164	165	166	167	168	169	170
171	172	173	174	175	176	177	178	179	180
181	182	183	184	185	186	187	188	189	190
191	192	193	194	195	196	197	198	199	200

101강 이것은 OOO입니다.
It's OOO.

["이것은 OOO입니다"를 배워보도록 할게요.]

우리가 이제 100강까지 같이 공부하면서 왜 문장에서 a가 붙는지 the가 붙는지, 또 be는 왜 am, are, is로 변하는지 알 수 있었죠?
정말 대단한 발전이에요^^

오늘은 이 모든 것을 함축시켜서 대답을 빨리 할 수 있도록 연습해 볼게요. 간단하니까 복습한다 생각하고 따라 오세요.

아기들이 말을 처음 배울 때 어떤 말을 가장 많이 하나요?
"이게 뭐야?", "저게 뭐야?" 하고 물어보는 말을 엄청 많이 하죠?
어른이 되어서도 외국에 나가거나 낯선 환경에 갔을 때 정말 간단하면서도 많이 쓰는 말이에요.

"이게 뭐야?"를 영어로 어떻게 말하면 될까요?

- 이것 = this(디스)
- 저것 = that(댓)
- 이것은 무엇입니까? = What is this?(왓 이즈 디스?)
- 저것은 무엇입니까? = What is that?(왓 이즈 댓?)

이렇게 물어볼 수 있겠죠?

"이것은 책입니다"라고 대답을 해 주고 싶어요.

그럼 어떻게 대답해야 될까요? 이제 대답하기 위해서 생각을 하겠죠!
책이니까…… 책은 영어로 book(북)

- 책입니다 = be book(비 북)

'이것'이라고 했으니 it(잇)을 써야 할 것 같고, 책은 나도 아니고 너도 아닌 3인칭 단수니까 be book은 is book으로 변하고, 아! 그리고 book은 명사니까 명사 앞에 a도 붙여야겠네!

- 이것은 책입니다.
  It is a book.
  (잇 이즈 어 북) 이렇게 대답하기까지 많은 시간이 걸리죠?

Q. 줄라이! 천천히 생각하면 대답할 수 있겠는데 즉각즉각 대답하고 싶어도 입에서 바로 나오지 않아요. 어떻게 방법이 없을까요?

A. 물론 있습니다^^ 저는 외국인 친구가 "한국말로 대답을 잘하려면 어떻게 해야 돼?"라고 묻는다면 "알고 있는 단어 뒤에 '입니다'만 붙여!"라고 말해 줄 거예요.

시계**입니다.** / 사과**입니다.** / 책**입니다.** / 마시는 것**입니다.** /
달콤한 것**입니다.** / 스마트폰**입니다.** 이렇게 입니다만 붙이라고 말이에요.

영어에서 '입니다'는 뭐라고 할까요?

> 입니다 = It is(잇 이즈)
> It's(잇츠)

It is(잇 이즈)는 줄여서 쓰면, It's(잇츠)이죠! 내가 편한 걸로 사용하면 돼요. 그럼 끝!

이제 '입니다'를 배웠으니 대답도 빨리 할 수 있겠죠?

What is this? 또는 What is that? 하고 this로 물어보건 that으로 물어보건 상관없어요. this로 물어봤으니 this로 대답하고, that으로 물어봤으니 that으로 대답하고 이런 고민하지 말고!

It's(잇츠)=입니다. 하나로 우리가 그동안 배웠던 문장 만드는 방법이 술술 풀린답니다. 그럼 한번 사용해 볼까요?

사과가 여러 개 있다고 생각하고, 사과를 가리키면서 What is this? 하고 물었어요. 그럼 대답은 어떻게 하면 될까요?

- 이것은 사과입니다 = It's apples.(잇츠 애플스)
- 이것은 빨갛습니다 = It's red.(잇츠 레드)

바나나가 한 개 있다고 생각하고, 바나나를 가리키면서 What is that? 하고 물었어요. 그럼 대답은 어떻게 하면 될까요?

- 이것은 바나나입니다. = It's a banana.(잇츠 어 바나나)
- 이것은 깁니다. = It's long.(잇츠 롱)

이제 "이것은 OOO입니다"라고 빠르게 대답하는 거 어렵지 않죠?
It's OOO. 하고 OOO 안에 단어만 쏙쏙 바꿔주면 돼요^^
이렇게 간단한 것을~ 영어! 정말 별거 아니죠?

2-101. 직접 써볼까요?

- 이것은 오이입니다.
➡ _____

- 이것은 초록색입니다.
➡ _____

- 이것은 커피입니다.
➡ _____

- 이것은 오렌지입니다.
➡ _____

- 이것은 달콤합니다.
➡ _____

- 이것은 사랑입니다.
➡ _____

102강 나는 나의 점심을 빠르게 먹었다.
I ate my lunch quickly.

["나는 나의 점심을 빠르게 먹었다"를 배워보도록 할게요.]

"나는 점심을 먹었다" 하고 간단하게 말할 수도 있지만, 오늘은 문장에 살을 좀 더 붙여서 그냥 단순하게 '먹었다'가 아니라 '빠르게 먹었다' 하고 말해 볼게요.

우선, "나는 먹었다"를 먼저 말해 볼까요?

· 나는 먹었다 = I ate.(아이 에이트)
※ '먹었다'니까 eat의 과거 ate를 써줘야 돼요.

"나는 나의 점심을 먹었다"는 어떻게 말하면 될까요?

· 나의 점심 = my lunch(마이 런치)
· 나는 나의 점심을 먹었다.
  I ate my lunch.
  (아이 에이트 마이 런치)

그런데 우리 어떻게 먹었다 했죠? '빠르게' 먹었다 했죠!

· 빠른 = quick(퀵)

'빠르게'는 어떻게 말할까요?
'빠르게'는 형용사 뒤에 ly를 붙여주면 돼요^^

- 빠르게 = quickly(퀵클리)

그럼, 정리해 볼까요?
- 나는 나의 점심을 빠르게 먹었다.
  I ate my lunch quickly.
  (아이 에이트 마이 런치 퀵클리)

- 완벽한 = perfect(퍼팩트)
- 완벽하게 = perfectly(퍼팩트리)

- 갑작스러운 = sudden(써든)
- 갑작스럽게 = suddenly(써든리)

- 쉬운 = easy(이지)
- 쉽게 = easily(이즐리)

※ 단어가 y로 끝나는 형용사는 y를 i로 바꿔주고 ly를 붙여주세요.

"그 기차가 갑작스럽게(갑자기) 멈췄다"도 한번 말해 볼까요?

- 그 기차 = The train(더 트레인)
- 멈췄다 = stopped(스탑드) : stop의 과거
- 갑자기 = suddenly(써든리)
- 그 기차가 갑자기 멈췄다.
  The train stopped suddenly.
  (더 트레인 스탑드 써든리)

오늘 배운 것은 형용사 뒤에 ly를 붙여 '문장에서 부연 설명을 해 주는 말'이라 해서 '부사'라고 합니다. 그런데, ly가 붙지 않는 단어들도 있어요! 그건 103강에서 배워보도록 할게요!

오늘도 너무 쉽죠?^^ 이제부터는 단어들을 슬슬 외워야 할 때가 다가오는 느낌이 드시죠? 앞으로는 이런 식으로 천천히 단어의 폭도 높여볼게요.

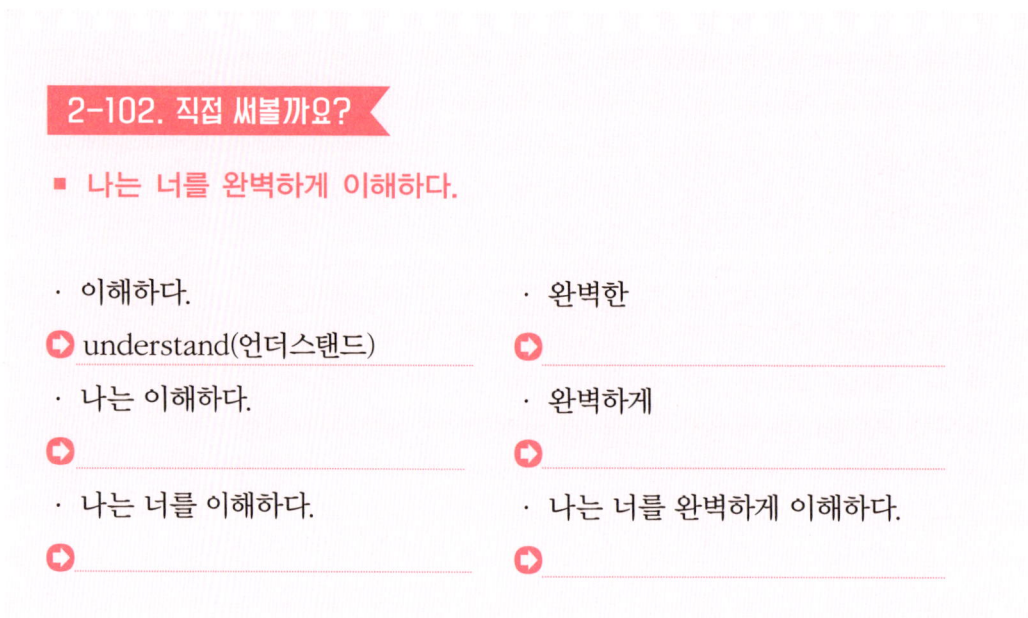

103강 그는 빠르게 달린다.
He runs fast.

["그는 빠르게 달린다"를 배워보도록 할게요.]

102강에서 '문장을 부연 설명해 준다'고 해서 '부사'라는 것을 배웠죠!
밥을 먹는데 빠르게 먹고,
기차가 멈췄는데 갑자기 멈추고,
너를 이해했는데 완벽하게 이해하고!
이렇게 문장에 부연 설명을 첨가해서 말했었어요.

오늘도 102강에 이어서 '부사'를 배울 텐데요, '부사'는 어떻게 만들었죠?
형용사 뒤에 ly를 붙여서

· 빠른 = quick(퀵)
· 빠르게 = quickly(퀵클리)

· 쉬운 = easy(이지)
· 쉽게 = easily(이즐리) 하고 만들었어요.
※ 단어가 y로 끝나는 형용사는 y를 i로 바꾸고 ly를 붙입니다.

그런데, 부사를 만든다고 해서 형용사 뒤에 전부 ly를 붙이지는 않아요. 예외적으로 ly를 붙이지 않고, 형용사가 부사로 쓰이는 애들이 있어요^^

	fast(패스트)	late(레이트)	early(얼리)	hard(할드)
형용사	빠른	늦은	이른	어려운
부사	빠르게	늦게	이르게	열심히

이렇게 4개밖에 되지 않아서 쉽게 외울 수 있어요. 그리고 hard는 형용사로 쓰일 때는 '어려운'이지만 부사로 쓰일 때는 '어렵게'가 아니고 '열심히'라는 거! 꼭 체크해 주세요.

- 그는 달린다.

  He runs.(히 런스)

※ 주어가 3인칭 단수일 때는 동사 뒤에 s를 붙여줘요.

- 그는 빠르게 달린다.

  He runs fast.

  (히 런스 패스트)

※ '빠르게'라고 해서 fast뒤에 ly를 붙여 fastly라고 하면 안 되고, fast는 fast 자체로 '빠르게'라는 뜻이 된답니다.

Q. 줄라이! '빠르게'는 102강에서 quickly라고 배웠는데 fast대신 quickly를 써도 되나요?

A. 네~ 되죠! 둘 다 "그는 빠르게 달린다"는 뜻이기는 한데요, 둘 사이 묘~ 하게 다른 점이 있어요! very와 so의 차이처럼 말이에요. 이 질문은 104강에서 다뤄보도록 할게요^^

2-103. 직접 써볼까요?

■ 나는 오늘 아침 늦게 일어났다.

- 일어나다.
⇨ get up(게 럽)

- 일어났다(get의 과거).
⇨ got up(가 럽)

- 나는 일어났다.
⇨ _____

- 늦게
⇨ _____

- 나는 늦게 일어났다.
⇨ _____

- 오늘 아침
⇨ this morning(디스 모닝)

- 나는 오늘 아침 늦게 일어났다.
⇨ _____

104강 fast와 quickly의 차이.

[fast와 quickly의 차이를 배워보도록 할게요.]

부사로 fast와 quickly는 '빠르게'라는 뜻이었죠.
그런데 그 '빠르게'가 묘~하게 다르게 쓰인답니다. 같이 한번 볼게요.

	fast	quickly
뜻	빠르게	빠르게
형태	**동작**이 빠른 것	**시간적**으로 빠른 것

둘 다 '빠르게'로 쓰이는데 위의 표처럼 fast는 동작이 빠를 때 쓰이고 quickly는 시간적으로 빠를 때 쓰여요. 예문을 통해서 같이 볼게요.

- 나는 점심을 빠르게 먹었어요.
  I ate my lunch fast.
  I ate my lunch quickly.

둘 다 '빠르게 먹었다'인데 어떻게 다를까요?

- 나는 점심을 **빠르게** 먹었어요.
  I ate my lunch **fast.**
  (아이 에이트 마이 런치 패스트)

fast는 동작이 빠른 것이라고 했죠! 빠르긴 빠른데 행동이 빠르게 먹었다는 거예요. 즉, 허겁지겁 동작이 빠르게 먹었다는 거죠!

- 나는 점심을 **빠르게** 먹었어요.

    I ate my lunch **quickly.**

    (아이 에이트 마이 런치 퀵클리)

quickly는 시간적으로 빠른 것이라고 했죠! 빠르긴 빠른데 시간이 빠르게 먹었다는 거예요. 즉, 동작을 허겁지겁 빠르게 먹은 게 아니라 시간적으로 빨리 먹었다는 거예요!

둘의 단어 뜻이 묘~하게 다르죠?

> **fast = 동작에 초점**
> **quickly = 시간에 초점**

이렇게만 알아두면 좀 헷갈릴 수도 있으니

fast = 속도가 **빠른 것**

quickly = 우리말로 '**신속한**'을 머릿속에 저장해 두면 좀 더 도움이 될 거예요.

- 나한테 빨리 말해(속도가 빠르게).

    Tell me fast.

    (텔 미 패스트)

랩 하듯이 말을 빠르게 할 때처럼 말하는 동작을 빠르게 해 달라는 뜻입니다.

- 나한테 빨리 말해(신속하게).

    Tell me quickly.

    (텔미 퀵클리)

듣고 싶은 내용을 빨리 전달해 달라! 시간적으로 빠르게 말해 달라는 뜻입니다.
이제 fast와 quickly의 차이 무엇인지 아시겠죠?^^

2-104. 직접 써볼까요?

- 나는 내 점심을 빠르게 먹었다(동작).
➡ _____

- 나는 내 점심을 빠르게 먹었다(시간).
➡ _____

- 나에게 빨리 말해(동작).
➡ _____

- 나에게 빨리 말해(시간).
➡ _____

105강 나는 아침에 항상 커피를 마셔요.
I always drink coffee in the morning.

["나는 아침에 항상 커피를 마셔요"를 배워보도록 할게요.]

천천히 같이 한번 말해 볼게요.

- 나는 마신다 = I drink.(아이 드링크)
- 항상 = always(얼웨이즈)
- 나는 항상 마신다 = I always drink.(아이 얼웨이즈 드링크)

무엇을? 커피를

- 커피 = coffee(커피)
- 나는 항상 커피를 마신다.
  I always drink coffee.
  (아이 얼 웨이즈 드링크 커피)

언제? 아침에!

- 아침에 = in the morning(인 더 모닝)

정리해서 말해 볼까요?

- 나는 아침에 항상 커피를 마셔요.
  I always drink coffee in the morning.
  (아이 얼웨이즈 드링크 커피 인 더 모닝)

정말 별거 아니죠?^^ 항상 이라는 always만 알면 쉽게 만들 수 있는 문장 이었어요.
그럼 이제, 제가 하는 질문에 여러분들이 해당하는 답변을 한번 선택해 볼까요?

Q. How often do you drink coffee every morning?
(당신은 매일 아침 커피를 얼마나 자주 마시나요?)

항상 마셔요.

보통 마셔요.

종종 마셔요.

가끔 마셔요.

좀처럼 마시지 않아요.

절대 마시지 않아요.

막상 고르려니 선뜻 선택하기 어렵죠? 보통? 종종? 가끔? 잘 구분하기가 어려울 거예요. 그럼, 대략적인 수치로 다시 한 번 볼까요?

항상 마셔요(100%).

보통 마셔요(80%).

종종 마셔요(65%).

가끔 마셔요(45%).

좀처럼 마시지 않아요(20%).

절대 마시지 않아요(0%).

이제 좀 선택하기 쉬워졌죠?^^
그럼, 영어로는 어떻게 말하는지 볼까요?

1. 항상 마셔요(100%). **always(얼웨이즈)**
2. 보통 마셔요(80%). **usually(유쥴리)**
3. 종종 마셔요(65%). **often(오픈)**
4. 가끔 마셔요(45%). **sometimes(썸타임즈)**
5. 좀처럼 마시지 않아요(20%). **seldom(셀덤)**
6. 절대 마시지 않아요(0%). **never(네버)**

이제 영어로도 대답할 수 있겠죠?

항상(100%)	보통(80%)	종종(65%)
always	usually	often
가끔(45%)	좀처럼 ~않는(20%)	절대 ~않는(0%)
sometimes	seldom	never

1. I (   ) drink coffee in the morning.
2. I (   ) drink coffee in the morning.
3. I (   ) drink coffee in the morning.
4. I (   ) drink coffee in the morning.
5. I (   ) drink coffee in the morning.
6. I (   ) drink coffee in the morning.

여기서 중요한 거 또 하나!

seldom(셀덤) = '좀처럼 ~않는'이라고 부정의 표현을 다 담고 있기 때문에

"나는 아침에 커피를 좀처럼 마시지 않아요"라고 말할 땐,

· 나는 마신다 = I drink.
· 나는 안 마신다 = I don't drink.
· 나는 좀처럼 안 마신다 = I **seldom don't** drink.

이렇게 말하면 안 되고,

· 나는 좀처럼 안 마셔.
   I seldom drink.
   (아이 셀덤 드링크)

이렇게 말해 줘야 돼요!

2-105. 직접 써볼까요?

■ 나는 아침에 절대 커피를 마시지 않아요.

· 나는 마신다.
➡ _____

· 절대 ~않는
➡ _____

· 나는 절대 안 마신다.
➡ _____

· 커피
➡ _____

· 나는 커피를 절대 안 마신다.
➡ _____

· 아침에
➡ _____

· 나는 아침에 절대 커피를 안 마신다.
➡ _____

106강   요즘, 나는 영어 공부를 많이 해.
These days, I study English a lot.

["요즘, 나는 영어공부를 많이 해"를 배워보도록 할게요.]

문장이 길어 보이지만 쉽게 말할 수 있답니다^^
- 나는 공부해 = I study.(아이 스터디)
- 나는 영어 공부해 = I study English.(아이 스터디 잉글리쉬)

여기까지는 우리가 다 배웠던 말들이라 너무 쉽죠?
그럼, 이제 영어 공부를 많이 한다고 말해야 하는데 많이? 많이는 어떻게 말 할까요?

- **많이 = a lot(어 랏)** 만 뒤에 넣어주면 된답니다.

Thanks a lot(땡스 어 랏) 많이 본 표현이죠. '많이 고마워'라는 말이에요.

- 나는 영어 공부를 많이 해.
  I study English a lot.
  (아이 스터디 잉글리쉬 어 랏)
- 요즘 = These days(디즈데이즈)

정리해서 말해 볼까요?

- 요즘, 나는 영어 공부를 많이 해.
  These days, I study English a lot.
  (디즈 데이즈, 아이 스터디 잉글리쉬 어 랏)

이렇게 말하면 되겠네요^^
천천히 단추를 하나씩 채워 나가니 이런 문장도 이제는 너무 쉽죠?
이 외에도 많이 쓰는 부사들이 있어요.

27

* 많이 쓰는 부사들

많이	잘	열심히
a lot(어 랏)	well(웰)	hard(할드)

- 나는 영어 공부를 **많이** 해.
  I study English **a lot.**
  (아이 스터디 잉글리쉬 어 랏)

- 나는 영어 공부를 **잘** 해.
  I study English **well.**
  (아이 스터디 잉글리쉬 웰)

- 나는 영어 공부를 **열심히** 해.
  I study English **hard.**
  (아이 스터디 잉글리쉬 할드)

2-106. 직접 써볼까요?

■ 요즘, 나는 많이 먹어.

- 나는 먹다.
  ⇨ _____

- 많이
  ⇨ _____

- 나는 많이 먹다.
  ⇨ _____

- 요즘
  ⇨ _____

- 요즘, 나는 많이 먹어.
  ⇨ _____

[복습하기1(101~106강)]

1. 이것은 책입니다. =

2. 이것은 오이입니다. =

3. 이것은 초록색입니다. =

4. 이것은 오렌지입니다. =

5. 이것은 달콤합니다. =

6. 이것은 커피입니다. =

7. 이것은 사랑입니다. =

8. 나는 나의 점심을 빠르게 먹었다. =

9. 나는 너를 완벽하게 이해하다. =

10. 그는 빠르게 달린다. =

11. 그는 오늘 아침 늦게 일어났다. =

12. fast와 quickly의 차이.
    fast = (동작)에 초점
    quickly = (시간)에 초점

13. 나는 내 점심을 빠르게 먹었다. =
    동작 :
    시간 :

14. 나에게 빨리 말해. =
    동작 :
    시간 :

15. 나는 아침에 항상 커피를 마셔요. =

16. 나는 아침에 절대 커피를 마시지 않아요. =

17. 요즘, 나는 영어 공부를 많이 해. =

18. 요즘, 나는 많이 먹어. =

[복습하기1(101~106강)]

1. 이것은 책입니다. = It is a book.
2. 이것은 오이입니다. = It is a cucumber.
3. 이것은 초록색입니다. = It is green.
4. 이것은 오렌지입니다. = It is an orange.
5. 이것은 달콤합니다. = It is sweet.
6. 이것은 커피입니다. = It is coffee.
7. 이것은 사랑입니다. = It is love.
8. 나는 나의 점심을 빠르게 먹었다. = I ate my lunch quickly.
9. 나는 너를 완벽하게 이해하다. = I understand you perfectly.
10. 그는 빠르게 달린다. = He runs fast.
11. 그는 오늘 아침 늦게 일어났다. = I got up late this morning.
12. fast와 quickly의 차이.
    fast = (동작)에 초점
    quickly = (시간)에 초점
13. 나는 내 점심을 빠르게 먹었다. =
    동작 : I ate my lunch fast.
    시간 : I ate my lunch quickly.
14. 나에게 빨리 말해. =
    동작 : Tell me fast.
    시간 : Tell me quickly.
15. 나는 아침에 항상 커피를 마셔요.
    = I always drink coffee in the morning.
16. 나는 아침에 절대 커피를 마시지 않아요.
    = I never drink coffee in the morning.

17. 요즘, 나는 영어 공부를 많이 해.
    = These days, I study English a lot.
18. 요즘, 나는 많이 먹어.
    = These days, I eat a lot.

107강   나는 너보다 나이가 더 많아.
I'm older than you.

["나는 너보다 나이가 더 많아"를 배워보도록 할게요.]

'나이가 많은'은 영어로 어떻게 말할까요?
한국말이 길어서 단어도 왠지 길 것 같지만,
· 나이가 많은 = old(올드)입니다.
많이 들어봤던 단어이죠.

영화 '올드 보이(old boy)'는 '나이가 많은 남자 or 늙은 남자'라는 뜻이 돼요^^

그럼, "나는 나이가 많아"는 어떻게 말하면 될까요?
· 나이가 많은 = old(올드)
· 나이가 **많다** = **be** old(비 올드)
* 여기에서 be는 주어 I를 만나 am으로 바뀌죠!
· 나는 나이가 많다 = I am old.(아이 엠 올드)
이렇게 말하면 되겠네요.

그런데 오늘 우리가 할 말은 "나는 너보다 나이가 더 많아"였죠! 나이가 많기는 한데, 너보다 더~ 많대요! '나이가 더 많은'은 어떻게 말하면 될까요?

· 나이가 많은 = old(올드)
· 나이가 **더** 많은 = old**er**(올덜)
하고 old라는 형용사 뒤에 er만 붙여주면 돼요! 너무 쉽죠?
* 형용사 : '~ㄴ'으로 끝나는 단어(ex. 예쁜, 힘든, 어린, 멋진…)

- 나는 나이가 더 많아 = I am older.(아이 엠 올덜)
- ~보다 = than(댄)
- 너보다 = than you(댄 유)

그럼, 정리해서 말해 볼까요?

- 나는 너보다 나이가 더 많아.

    I'm older than you.

    (아임 올덜 댄 유)

이렇게 말하면 되겠네요.

※ '더 ~한' 하고 er을 붙이는 방법!

1. 대부분 형용사 뒤에 er을 붙여요.
   - 어린 = young(영)
   - 더 어린 = younger(영걸)

2. e로 끝나는 형용사는 끝에 r만 붙여요.
   - 멋진 = nice(나이스)
   - 더 멋진 = nicer(나이썰)

3. y로 끝나는 형용사는 y를 i로 바꾸고 er을 붙여요.
   - 예쁜 = pretty(프리티)
   - 더 예쁜 = prettier(프리티얼)

2-107. 직접 써볼까요?

■ 나는 너보다 더 어려.

· 어린
➡ _____

· 더 어린
➡ _____

· 나는 더 어려.
➡ _____

· ~보다
➡ _____

· 너보다
➡ _____

· 나는 너보다 더 어려.
➡ _____

108강 사과가 오렌지보다 더 맛있어요.
Apples are more delicious than oranges.

["사과가 오렌지보다 더 맛있어요"를 배워보도록 할게요.]

- 맛있는 = delicious(딜리셔스)라는 형용사가 있어요. 이 단어를 '더 맛있는'으로 바꾸려면 어떻게 하면 될까요?

A. 음…. 줄라이가 107강에서 형용사 뒤에 -er을 붙이면 '더'라는 뜻이 된다고 했으니 deliciouser이렇게 바꾸면 되지 않나요?

너무 잘했어요. 잘 기억하고 계시네요^^ 지난 시간에 '더 ~한'이라고 말하려면 형용사 뒤에 er을 붙인다고 배웠었죠. 그런데 deliciouser(딜리셔스얼)단어도 너무 길고 발음도 뭔가 좀 이상하지 않아요? 이렇게 단어가 길 때는 단어 뒤에 -er을 쓰지 않고, 단어 앞에 more(모얼)을 넣어준답니다.

- more(모얼) = 더
- 더 맛있는 = more delicious(모얼 딜리셔스)

그럼, "사과가 오렌지보다 더 맛있어요"는 어떻게 말하면 될까요?

- 사과(들) = Apples(애플스)
* 한 개의 사과를 딱 찍어서 말한 게 아니고 보편적인 사과를 말하는 것이니, Apples라고 복수로 써 준거예요.
- 맛있는 = delicious(딜리셔스)
- 더 맛있는 = more delicious(모얼 딜리셔스)
- 더 맛있다 = be more delicious(모얼 딜리셔스)

· 사과가 더 맛있다 = Apples be more delicious.
            (애플스 비 모얼 딜리셔스)
여기에서 be는 주어가 단수가 아니라 복수니까 are로 바뀌죠!

· 사과가 더 맛있다. = Apples are more delicious.
            (애플스 아 모얼 딜리셔스)
· ~보다 = than(댄)
· 오렌지보다 = than oranges(댄 오렌지스)

이제, 정리해서 말해 볼까요?

· 사과가 오렌지보다 더 맛있다.
  Apples are more delicious than oranges.
  (애플스 아 모얼 딜리셔스 댄 오렌지스)
이렇게 말해 주면 되겠네요. 영어로 말하기 별거 아니죠?^^

〈'더 ~한' 만들기〉

(짧은 단어)형용사 or 부사 + er
more + (긴 단어)형용사 or 부사

* 부사도 형용사와 똑같아요!
fast(패스트) = 빠르게
faster(패스터) = 더 빠르게

2-108. 직접 써볼까요?

■ 장미가 백합보다 더 아름다워요.

- 장미(들)
➡ Roses(로즈스)
- 아름다운
➡ _____
- 더 아름다운
➡ _____
- 장미가 더 아름다워요.
➡ _____

- 백합(들)
➡ lilies(릴리스)
- 백합보다
➡ _____
- 장미가 백합보다 더 아름다워요.
➡ _____

109강 가을은 겨울보다 더 좋은 계절이에요.
Fall is a better season than winter.

["가을은 겨울보다 더 좋은 계절이에요"를 배워보도록 할게요.]

우선 "가을은 좋은 계절이다"를 먼저 말해 볼까요?
- 가을 = Fall(폴)
- 계절 = season(시즌)
- 좋은 = good(굿)
- (하나의)좋은 계절 = a good season(어 굿 시즌)
- 좋은 계절이다 = be a good season(비 어 굿 시즌)
- 가을은 좋은 계절이다 = Fall be a good season.
  (폴 비 어 굿 시즌)

이때 be는 어떻게 바꿔어야 되죠? Fall, 가을은 나도 아니고 너도 아닌 3인칭단수이니까 is로 바꿔야겠죠!
그럼, 정리해서 다시 말해 볼까요?
- 가을은 좋은 계절이다.
  Fall is a good season.
  (폴 이즈 어 굿 시즌)

가을이라는 Fall(폴)과 season(시즌), 계절이라는 단어만 알면 우리가 충분히 할 수 있는 말이었어요! 그럼, 오늘 배울 표현! "가을은 겨울보다 더 좋은 계절이에요"에서 '더 좋은'은 어떻게 말하면 될까요?

A. 음…. 줄라이가 '더 ~한'을 만들려면 짧은 형용사 뒤에는 -er을 붙인다 했으니 gooder인 것 같은데…. 이런 단어를 본적이 없으니 more good은 어때요?

다 너무 좋은 추측이에요^^ 잘하셨어요! 그런데 우리 어딜 가나 예외라는 것이 있듯이 영어에도 마찬가지로 예외가 있어요. 항상 규칙적으로 변하다가 불규칙적인 애들! 그 중, good이라는 단어가 그렇답니다.

- 좋은 = good
- 더 좋은 = better(베럴)

그럼 "가을은 겨울보다 더 좋은 계절이에요"를 말해 볼까요?
- 가을은 더 좋은 계절이에요 = Fall is a better season.
  (폴 이즈 어 베럴 시즌)
- ~보다 = than(댄)
- 겨울 = Winter(윈터)
- 겨울보다 = than Winter(댄 윈터)
- 가을은 겨울보다 더 좋은 계절이에요.
  Fall is a better season than Winter.
  (폴 이즈 어 베럴 시즌 댄 윈터)

이렇게 말하면 되겠네요! 천천히 해 보니까 별거 아니죠?^^

- 가을은 **좋은** 계절이에요.
  Fall is a **good** season.
- 가을은 겨울보다 **더 좋은** 계절이에요.
  Fall is a **better** season than Winter.

2-109. 직접 써볼까요?

■ 봄은 여름보다 더 좋은 계절이에요.

· 봄
➡ Spring(스프링)

· (하나의) 더 좋은 계절
➡

· 더 좋은 계절이다.
➡

· 봄은 더 좋은 계절이다.
➡

· 여름
➡ Summer(썸머)

· 여름보다
➡

· 봄은 여름보다 더 좋은 계절이에요.
➡

110강 나는 가장 어린 학생입니다.
I'm the youngest student.

["나는 가장 어린 학생입니다"를 배워보도록 할게요.]

그동안은 '~보다 ~해' 이런 식으로 비교를 했었죠. 오늘은 비교가 아닌, 누구랑 비교할 수 없는 최고인 것을 배워보도록 할게요.

· 어린 = young(영)

그럼, '최고로 어린'은 어떻게 말할까요?
young 뒤에 est만 붙여주면 된답니다!

· 최고 어린 = young**est**(영거스트)

이 말은, 즉 '가장 어린'이라고 의역하면 되겠죠! 그런데 그냥 youngest라고 쓰면 안 되고 **유일하게 하나일 때는 앞에 the를 꼭 붙여줘야 돼요!**

· 가장 어린 = **the** youngest(더 영거스트)

아무랑도 비교할 수 없고 유일하게 하나일 때는 앞에 the를 붙여준다는 것! 꼭 잊지 마세요.

· 학생 = student(스튜던트)
· 가장 어린 학생 = the young**st st**udent(더 영거 스튜던트)

* 위에 문장은 st st가 동시에 와서 스트 슈트 하지 않고 한 발음으로 묶어 **영거스튜던트** 하고 발음해 주면 돼요^^

· 가장 어린 학생이다 = be the young**st st**udent
　　　　　　　　　　　(비 더 영거 스튜던트)

41

그럼, 이제 정리해서 말해 볼까요?
- 나는 가장 어린 학생입니다.

    I'm the youngest student.

    (아임 더 영거 스튜던트.)

* 여기에서 be는 주어 I를 만나 am으로 바뀐 거죠!

2-110. 직접 써볼까요?

■ 그는 가장 나이가 많은 학생입니다.

- 나이가 많은

  ➡ _____

- 가장 나이가 많은

  ➡ _____

- 학생

  ➡ _____

- 가장 나이가 많은 학생이다.

  ➡ _____

- 그는 가장 나이가 많은 학생이다.

  ➡ _____

111강

나는 우리 반에서 가장 어린 학생입니다.
I'm the youngest student in my class.

["나는 우리 반에서 가장 어린 학생입니다"를 배워보도록 할게요.]

110강에서 "나는 가장 어린 학생입니다"를 배웠었죠!

- 어린 = young(영)
- 가장 어린 = the youngest(더 영거스트)
* 형용사 뒤 est를 붙이고 유일하게 하나이니까 앞에 꼭 the를 붙여야 해요.
- 학생 = student(스튜던트)
- 나는 가장 어린 학생이에요 = I'm the youngest student.
  (아임 더 영거 스튜던트)

그런데, 영어를 쓰는 사람들은 항상 정확한 걸 좋아한다 했었죠! "나는 가장 어린 학생이야"라고만 말하면 "아, 그래? 그런데 어디서?" 하고 의문을 가지게 돼요. 그래서 우리는 "나는 OOO에서 가장 어린 학생이야"하고 정확하게 말해 주어야 해요.

- 우리 반 = my class(마이 클래스)
- ~에서 = in(인)
- 우리 반에서 = in my class(인 마이 클래스)
- 나는 우리 반에서 가장 어린 학생이야.
  I'm the youngest student in my class.
  (아임 더 영거 스튜던트 인 마이 클래스)

Q. 그런데 줄라이! '우리 반에서'니까 in our class(인 아월 클래스) 아닌가요? 우리는 our이잖아요.

A. in our class라고 말해도 괜찮아요^^ 그런데 굳이 in my class라고 말한 이유는 영어를 쓰는 사람들은 내가 소속되어 있고 내 것이면, 보통 my를 많이 사용해요. 예를 들면 우리는 우리 엄마, 우리 아빠라고 하는데 영어를 쓰는 사람들은 내 엄마, 내 아빠라고 하죠! 그래서 우리 반도 our class라고도 말할 수 있지만 my class라고 많이 사용한답니다.

2-111. 직접 써볼까요?

- 그녀는 우리 반에서 최고로 예뻐요.

· 예쁜
➡ _____

· 최고로 예쁜
➡ _____

· 최고로 예쁘다.
➡ _____

· 우리 반에서
➡ _____

· 그녀는 우리 반에서 최고로 예쁘다.
➡ _____

112강 건강이 무엇보다 가장 중요합니다.
Health is the most important of all.

["건강이 무엇보다 가장 중요합니다"를 배워보도록 할게요.]

· 중요한 = important(임폴턴트)라는 형용사가 있어요. 이 단어를 **'가장 최고로 중요한'**으로는 어떻게 바꿀까요?

A. 줄라이가 형용사 뒤에 -est를 붙이면 '최고로'라는 최상급이 된다 했으니 importantest 이렇게 말하면 되지 않을까요?

잘하셨어요! 역시나 지난 시간에 배운 것을 잘 기억하고 계셨네요. 그런데 importantest는 한 단어가 너무 길고 발음하기도 불편하죠? 이렇게 단어가 길 때는 단어 뒤에 -est를 붙이지 않고, 단어 앞에 most(모스트)를 써서 '최고'를 만들어 줍니다.

· 최고 = most(모스트)
· 최고 중요한 = **the most** important(더 모스트 임폴턴트)

그런데 여기에서 중요한 것 하나 더!
모든 것 중에서 제일 최고로 중요하다고 했으니 앞에 꼭 the를 붙여줘야 해요. **세상에서 유일한 하나일 때는 the를 붙여준다**는 것 잊지 않으셨죠!

그럼, "건강은 무엇보다 가장 중요합니다"는 어떻게 말하면 될까요?

· 건강 = Health(헬쓰)
* 운동할 때 헬스장 간다고 하죠? 헬스장을 우리말로 번역하면 '건강장'이었네요^^ 이렇게 생각하면 Health라는 단어가 좀 더 쉽게 외워지겠죠?^^
· 중요한 = important(임폴턴트)

- 가장 중요한 = the most important(더 모스트 임폴턴트)
- 가장 중요하다 = be the most important(비 더 모스트 임폴턴트)
- 건강은 가장 중요합니다.

  Health be the most important.

  (헬쓰 비 더 모스트 임폴턴트)

여기에서 be는 주어가 나도 아니고 너도 아닌 3인칭단수니까 is로 변하겠죠.
- 건강은 가장 중요합니다.

  Health is the most important.

  (헬쓰 이즈 더 모스트 임폴턴트)
- 모든 것 중에서 = of all(오브 올)
- 건강이 무엇보다 가장 중요합니다.

  Health is the most important of all.

  (헬쓰 이즈 더 모스트 임폴턴트 오브 올)

* 직역하면 '건강이 모든 것 중에서 가장 중요합니다'라고 할 수 있지만, 의역해서 '무엇보다'라고 해 줄 수 있어요.

〈최상급 만들기〉

the + (짧은 단어) + est
the + most + (긴 단어)

* 단어가 y로 끝날 때는 y를 i로 바꿔주고 est를 붙여주세요.

2-112. 직접 써볼까요?

- 그녀는 세상에서 가장 아름다워요.

· 아름다운
➡ _____

· 가장 아름다운
➡ _____

· 가장 아름답다.
➡ _____

· 그녀는 가장 아름답다.
➡ _____

· 세상에서
➡ in the world(인 더 월드)

· 그녀는 세상에서 가장 아름답다.
➡ _____

[복습하기2(107~112강)]

1. 나는 너보다 나이가 더 많아. =

2. 나는 너보다 더 어려. =

3. 사과가 오렌지보다 더 맛있어요.
   =

4. 장미가 백합보다 더 아름다워요.
   =

5. 가을은 겨울보다 더 좋은 계절이에요.
   =

6. 봄은 여름보다 더 좋은 계절이에요.
   =

7. 나는 가장 어린 학생입니다. =

8. 그는 가장 나이가 많은 학생입니다. =

9. 나는 우리 반에서 가장 어린 학생입니다.
   =

10. 그녀는 우리 반에서 최고로 예뻐요.
    =

11. 건강이 무엇보다 중요합니다.
    =

12. 그녀는 세상에서 가장 아름다워요.
    =

[복습하기2(107~112강)]

1. 나는 너보다 나이가 더 많아. = I'm older than you.
2. 나는 너보다 더 어려. = I'm younger than you.
3. 사과가 오렌지보다 더 맛있어요.
   = Apples are more delicious than oranges.
4. 장미가 백합보다 더 아름다워요.
   = Roses are more beautiful than lilies.
5. 가을은 겨울보다 더 좋은 계절이에요.
   = Fall is a better season than Winter.
6. 봄은 여름보다 더 좋은 계절이에요.
   = Spring is a better season than Summer.
7. 나는 가장 어린 학생입니다. = I'm the youngest student.
8. 그는 가장 나이가 많은 학생입니다. = He is the oldest student.
9. 나는 우리 반에서 가장 어린 학생입니다.
   = I'm the youngest student in my class.
10. 그녀는 우리 반에서 최고로 예뻐요.
    = She is the prettiest in my class.
11. 건강이 무엇보다 중요합니다.
    = Health is the most important of all.
12. 그녀는 세상에서 가장 아름다워요.
    = She is the most beautiful in the world.

113강 가을이 사계절 중에서 최고 좋아요.
Fall is the best among 4seasons.

["가을이 사계절 중에서 최고 좋아요"를 배워보도록 할게요.]

- 좋은 = good(굿)
- 더 좋은 = better(베럴)

이렇게 불규칙하게 변했었죠! 그럼 '**최고 좋은**'은 어떻게 말할까요?

Q. 줄라이가 최상급은 단어가 짧을 때는 the+형용사+est라고 했으니 the goodest라고 말하면 되지 않을까요?

A. 이렇게 생각하신 분들은 정말 잘하셨어요! 그동안 공부를 열심히 했다는 거겠죠? 그런데 이 녀석들이 이렇게 규칙적으로 변하면 좋은데 good도 gooder이 아니라 better로 불규칙하게 변했듯이 good의 최상급 또한 the goodest가 아닌 우리가 많이 들어본 **the best(더 베스트)** 로 변한답니다.

- 가을 = Fall(폴)
- 최고 좋은 = the best(더 베스트)
- 최고 좋아**요** = **be** the best(비 더 베스트)
- 가을이 최고 좋아요 = Fall **is** the best(폴 이즈 더 베스트)
- **~중에서 = among(어몽)**
- 사계절 = 4 season**s**(포 시즌**스**)

* 사계절은 계절 4개가 모여서 사계절이니 복수니까 seasons라고 season뒤에 s를 붙여 seasons라고 해 줘야 돼요.

- 사계절 중에서 = among 4 seasons(어몽 포시즌스)

이제, 연결해서 말해 볼까요?

- 가을이 사계절 **중에서** 제일 좋아요.
  Fall is the best **among** 4 seasons.
  (폴 이즈 더 베스트 어몽 포시즌스)

Q. 줄라이 112강에서 '모든 것 중에서'라고 할 때 of all이라고 했으니 '사계절 중에서'라고 할 때도 of 4 seasons라고 해야 되는 것 아닌가요?

A. 네! 아니에요. **of는 '~의'**라는 뜻인데요, of 4 seasons라고 하면 '사계절의'라는 뜻이 되어 "가을이 사계절의 최고 좋아요"라는 뜻이 되어서 굉장히 어색해진답니다.

Q. 그럼, of all은 왜 '모든 것 중에서'라는 뜻으로 썼나요?

A. of all은 'of=~의', 'all=전체' 해서 'of all=모든 것 중에서' 이렇게 따로 따로 해석된 것이 아니고,
- **of all = 모든 것 중에서** 라고 띄어쓰기가 있는 한 단어입니다.

2-113. 직접 써볼까요?

■ 봄이 사계절 중에서 최고 좋아요.

- 봄
➡ _____

- 최고 좋은
➡ _____

- 최고 좋다.
➡ _____

- ~중에서
➡ _____

- 사계절 중에서
➡ _____

- 봄이 사계절 중에서 최고 좋아요.
➡ _____

114강   너는 이 책을 읽어야 해.
You have to read a book.

["너는 이 책을 읽어야 해"를 배워보도록 할게요.]

우리 '~해야 해'는 어떻게 배웠었죠?
- ~해야 해 = must(머스트)
- 너는 집에 가야 해 = You must go home.(유 머스트 고 홈)

이렇게 배웠었죠(#47강).

오늘은 must와 비슷한 have to(해브 투)를 배워보도록 할게요.
- have to(해브 투) = ~해야 해

라는 뜻이에요. must(머스트)랑 뜻이 똑같죠?

- have to buy(해브 투 바이) = 사야 해
- have to meet(해브 투 밋) = 만나야 해
- have to go(해브 투 고) = 가야 해

이렇게 **have to 뒤에 동사원형을 써서 '~해야 해'**라는 의무를 나타내는 말이에요^^

이 문장을 must(머스트)로 바꾸면
- must buy(머스트 바이) = (꼭) 사야 해
- must meet(머스트 밋) = (꼭) 만나야 해
- must go(머스트 고) = (꼭) 가야 해

must랑 have to랑 뜻은 같지만 must 앞에 꼭! 이란 말을 썼죠. must는 꼭! 반드시 해야 되는 일을 말해요.

> **have to** = 보통의 의무
> **must** = 강력한 의무(강력하게 꼭 해야 되는 것.)

- 해야 해 = have to(해브 투)
- 읽다 = read(리드)
- 읽어야해 = have to read(해브 투 리드)
- 너는 읽어야해 = You have to read(유 해브 투 리드)
- 이 책 = this book(디스 북)
- 너는 이 책을 읽어야해
  You have to read this book.
  (유 해브 투 리드 디스 북)

이렇게 말하면 되겠네요^^ have to 대신에 must를 쓴다면 우리말 뜻은 같지만, have to는 '읽어야 하지만 네가 안 읽으면 어쩔 수 없지.'
must는 '무조건 읽어야 해!' 이렇게 생각해 주면 될 것 같아요.

2-114. 직접 써볼까요?

■ 나는 내일 너를 만나야해.

- ~해야 해.
  ➡ _____

- 만나야 해.
  ➡ _____

- 나는 너를 만나야 해.
  ➡ _____

- 내일
  ➡ _____

- 나는 내일 너를 만나야 해.
  ➡ _____

115강 너는 쉬는 것이 좋겠어.
You should take a rest.

["너는 쉬는 것이 좋겠어"를 배워보도록 할게요.]

114강에서 '~해야 해'를 배웠었죠. 몇 개 연습을 해 본다면,
- must read(머스트 리드) = 꼭! 읽어야해.
- have to read(해브 투 리드) = 읽어야해.

must는 꼭! 해야 하는 강력한 의무였다면, have to는 해도 되고, 안 해도 되는 보통의 의무였어요. 뜻은 둘 다 '~해야 된다'라는 뜻이었구요.
오늘 배운 '~해야 해'는 should(슈드)입니다. 충고나 제안의 느낌으로 사용되는 '~해야 해'입니다.

- should(슈드) = ~해야 해, ~하는 것이 좋겠어.
- 쉬다, 휴식을 취하다 = take a rest(테익 어 레스트)

take a rest는 두 개 이상의 단어가 모여 전혀 다른 한 뜻이 되는 '숙어'로 외워주세요^^

- 너는 ~하는 것이 좋겠어 = You should(유 슈드)
- 너는 쉬는 것이 좋겠어 = You should take a rest.
  　　　　　　　　(유 슈드 테익 어 레스트)

must, have to, should, 셋 다 '~해야 해'라는 뜻이지만 조금씩 느낌이 다르죠? 셋의 차이가 크게 중요한 것은 아니지만, 알고 쓰면 영어를 좀 더 감칠맛 나게 사용할 수 있답니다.

- 너는 반드시 꼭! 쉬어야 해(강력한 의무).

  You must take a rest.

  (유 머스트 테익 어 레스트)

- 너는 쉬어야 해(보통의 의무).

  You have to take a rest.

  (유 해브 투 테익 어 레스트)

- 너는 쉬는게 좋겠어(충고나 제안의 의무).

  You should take a rest.

  (유 슈드 테익 어 레스트)

2-115. 직접 써볼까요?

■ 당신은 매일 운동하는 것이 좋겠어요.

- ~하는 것이 좋겠어요.
⇒ _____

- 당신은 ~하는 것이 좋겠어요.
⇒ _____

- 운동
⇒ exercise(엑썰사이즈)

- 당신은 운동하는 것이 좋겠어요.
⇒ _____

- 매일
⇒ every day(에브리데이)

- 당신은 매일 운동하는 것이 좋겠어요.
⇒ _____

116강   must와 should의 부정형.

["must와 should의 부정형"을 배워보도록 할게요.]

must의 부정형은 48강에서 공부했었는데, 복습도 해 볼 겸 같이 해 볼게요.
- must(머스트) = 꼭! ~해야 해.
- should(슈드) = ~하는 게 좋겠어.

하고 배웠었죠. '~하면 안 돼', '~하지 않는 게 좋겠어' 하고 문장을 부정으로 만들고 싶을 땐 어떻게 하면 될까요?

must와 should 뒤에 not만 붙여 주면 된답니다^^

- must not(머스트 낫) = ~하면 안 돼.
- should not(슈드 낫) = ~하지 않는 게 좋겠어.

* should not은 줄여서 shouldn't(슈든트)로 사용해요.

이제, 부정형을 사용하는 방법을 알았으니 문장으로 말해 볼까요?
- 너는 ~하면 안 돼! = You must not(유 머스트 낫)
- 여기 = here(히얼)
- 여기 있다 = be here(비 히얼)
- 너는 여기 있으면 안 돼!

    You must not be here.

    (유 머스트 낫 비 히얼)

여기서 잠깐! 우리가 61강에서 will을 배울 때 will은 조동사라고 배웠었죠? 조동사가 뭐였죠? 도와줄 조(助)를 써서 동사를 도와주는 역할을 한다고 했었죠. **조동사 뒤에는 '동사원형'**이 나온다고 했었구요.

오늘 배운 must와 should도 will처럼 동사를 도와주는 '조동사'랍니다.

그럼 must 뒤에 '동사원형'으로 써 줘야겠죠.

따라서 be는 am, are, is로 변하지 않고 동사원형 그대로 be를 써준답니다.

2-116. 직접 써볼까요?

■ 당신은 여기 있지 않는 것이 좋겠어요.

- ~하는 것이 좋겠어요.
➡ _____

- ~하지 않는 것이 좋겠어요.
➡ _____

- 여기
➡ _____

- 여기 있다.
➡ _____

- 여기 있지 않는 것이 좋겠어요.
➡ _____

- 당신은 여기 있지 않는 것이 좋겠어요.
➡ _____

117강 have to의 부정형.

["have to의 부정형"을 배워보도록 할게요.]

· have to(해브 투) = ~해야 한다.
라는 말이었죠.

Q. must와 should의 부정을 만들 때는 단어 뒤 not을 붙였었는데, have to를 부정으로 만들려면 어떻게 해야 될까요?

A. have to 뒤에도 not을 붙여서 have to not이라고 하면 되지 않을까요?

잘하셨어요. 그렇지만, have to의 부정은 뒤에 not을 붙이지 않아요.
우리가 13강에서 '일 안 해'는 어떻게 말했었나요?
· 일 = work(월크)
· 일 안 해 = don't work(돈 월크) 하고, 일반 동사 앞에는 don't을 붙여서 부정을 말해 주었었죠.
· 안 만들어 = don't make(돈 메익)
· 안 마셔 = don't drink(돈 드링크)
했던 것 처럼요. 기억이 다시 새록새록 나죠?^^

· have to(해브 투) = '~해야 돼'의 뜻으로 사용되고 있지만 have는 원래 '가지다'라는 일반 동사이죠? 그렇기 때문에 have to의 부정은 뒤에 not을 붙이지 않고 have앞에 don't을 붙여서 don't have to(돈 해브 투)라고 말한답니다^^

Q. 그럼 don't have to(돈 해브 투)는 무슨 뜻일까요?

A. 당연히 have to가 '~해도 돼'라는 뜻이니까 '~하면 안 돼'라는 뜻이겠죠.

그랬으면 좋겠는데 don't have to는 '~하면 안 돼'라는 뜻이 아니에요.

> · **don't have to(돈 해브 투) = ~할 필요가 없다.**
> **굳이 그렇게 할 필요가 없다.**

이런 뜻으로 뜻이 완전히 변해요.

Q. 헉! 왜요?

A. 그러게요. 왜 그럴까요? 영어를 만든 사람들이 don't have to는 '~할 필요가 없다'로 사용하기로 약속했으니 우리도 그것에 따라줘야겠죠^^

그럼 '너는 그를 만날 필요가 없어'는 어떻게 말하면 될까요?

- 만나다 = meet(밋)
- 너는 만날 필요가 없다.
  You don't have to meet.
  (유 돈 해브 투 밋)
- 그를 = him(힘)
- 너는 그를 만날 필요가 없어.
  You don't have to meet him.
  (유 돈 해브 투 밋 힘)

2-117. 직접 써볼까요?

■ 너는 그녀를 사랑할 필요가 없어.

➡ _____

· ~할 필요가 없어.
➡ _____

· 너는 사랑할 필요가 없어.
➡ _____

· 그녀를
➡ her(허얼)

· 너는 그녀를 사랑할 필요가 없어.
➡ _____

118강 나는 (아직까지) 잘 못 잤어.
I haven't slept well.

["나는 잘 못 잤어"를 배워보도록 할게요.]

117강에서는 'have to(해브 투) = ~해도 돼'를 부정으로 만들려면 have가 일반 동사이니까 have앞에 don't을 붙여서

· don't have to(돈 해브 투) = ~할 필요가 없다

라고 배웠었죠^^

· 나는 만날 필요 없어.
   I don't have meet.
   (아이 돈 해브 밋) 이렇게 배웠어요.

Q. 그런데, 줄라이. 저는 영어 공부하면서 have not(해브 낫)이란 걸 본적이 있는데요. 잘 기억은 나지 않지만, haven't(해븐트)를 본 것 같아요. haven't는 뭐죠?

A. 맞아요! 영어에는 haven't라는 것이 있어요. 이 haven't가 무엇인지 한번 알아보도록 할게요.

85강에서 현재완료를 배웠었죠.
· 현재완료 : 지금 막 끝난 상태!
· 자다 = sleep(슬립)
· 나는 자다 = I sleep.(아이 슬립)
· 나는 잤다 = I slept.(아이 슬랩)

61

이제, 이 말은 '자는 지금까지 잤다' 하고 지금 막! 끝난 상태로 말하려면 어떻게 말하면 되나요?

have를 이용해서

현재완료 = have + 동사완료형

뜻	현재형	과거형	완료형
자다	sleep	slept	slept

sleep(슬립)의 동사완료가 slept(슬랩)이니,
- 나는 지금까지 잤어 = I have slept.(아이 해브 슬랩)

이렇게 말할 수 있었죠!
기억이 또 다시 새록새록 나시나요? 안 날 수도 있어요^^ 기억이 나지 않는다면, 85강을 다시 한 번 꼭 봐주세요.

'방금까지도, 다시 말해 아직까지도' 끝내지 않은 상태를 말하고 싶을 때! have 뒤에 not을 붙여 줍니다. 뒤에는 꼭! 동사완료형이 나와야 해요.

have not + 동사완료

have not은 haven't로 줄여서 쓸 수 있어요.
- **have not + 동사완료 = 아직까지 안 ~했어**
  ~해 본 적 없어

그래서 이때의 have는 일반 동사로 보면 안 되고
1. have + 동사완료는 한 세트이고,

2. have + 동사완료를 부정문으로 만들 때는 have뒤 not을 쓴다고 통째 기억해 주셔야 돼요.

- 나는 지금까지 잤어.

    I have slept.

    (아이 해브 슬랩)

- 나는 (아직까지) 안 잤어.

    I haven't slept.

    (아이 해븐트 스랩)

- 나는 (아직까지) 잘 못 잤어.

    I haven't slept well.

    (아이 해븐트 슬랩 웰)

이제 have를 부정할 때는 언제 don't이 오는지 not이 오는지 알겠죠? 그럼 문제를 한 번 풀어 볼까요?

Quiz. '나는 시간이 없어'라고 말할 때는 어떻게 말해야 될까요?

    I don't have time.

    I haven't time.

정답. 1번

have not 뒤에는 동사완료형이 와야 하는데 time은 '시간'이라는 명사니까 이때 have는 일반 동사로 쓰였네요. have가 일반 동사일 때는 have 앞에 don't을 써줍니다!

2-118. 직접 써볼까요?

- 나는 (아직까지) 영어 공부를 안 했어.

· 공부(완료형)
➡ _____

· (아직까지) 공부 안 했어.
➡ _____

· 영어
➡ _____

· 나는 (아직까지) 영어 공부 안 했어.
➡ _____

[복습하기3(113~118강)]

1. 가을이 사계절 중에서 가장 좋아요. =
2. 봄이 사계절 중에서 최고 좋아요. =
3. 너는 이 책을 읽어야 해. =
4. 나는 내일 너를 만나야 해. =
5. 너는 쉬는 것이 좋겠어. =
6. 당신은 매일 운동하는 것이 좋겠어요. =
7. 너는 여기 있으면 안 돼. =
8. 당신은 여기 있지 않는 것이 좋겠어요. =
9. 너는 그를 만날 필요가 없어. =
10. 너는 그녀를 사랑할 필요가 없어. =
11. 나는 (아직까지) 잘 못 잤어. =
12. 나는 (아직까지) 영어 공부를 안 했어. =

[복습하기3(113~118강)]

1. 가을이 사계절 중에서 가장 좋아요. = Fall is the best among 4 seasons.
2. 봄이 사계절 중에서 최고 좋아요. = Spring is the best among 4 seasons.
3. 너는 이 책을 읽어야 해. = You have to read a book.
4. 나는 내일 너를 만나야 해. = I have to meet you tomorrow.
5. 너는 쉬는 것이 좋겠어. = You should take a rest.
6. 당신은 매일 운동하는 것이 좋겠어요. = You should exercise every day.
7. 너는 여기 있으면 안 돼. = You must not be here.
8. 당신은 여기 있지 않는 것이 좋겠어요. = You should not be here.
9. 너는 그를 만날 필요가 없어. = You don't have to meet him.
10. 너는 그녀를 사랑할 필요가 없어. = You don't have to love her.
11. 나는 (아직까지) 잘 못 잤어. = I haven't slept well.
12. 나는 (아직까지) 영어 공부를 안 했어. = I haven't studied English.

119강 오늘은 어제만큼 더워요.
Today is as hot as yesterday.

["오늘은 어제만큼 더워요"를 배워보도록 할게요.]

- 더운 = hot(핫)
- 덥다 = be hot(비 핫)
- 오늘 = Today(투데이)
- 오늘은 덥다 = Today is hot.(투데이 이즈 핫)

이 정도는 이제 너무 쉽죠?^^

그럼, 덥기는 한데 어떻게 덥다고 했죠?
'어제만큼' 덥다고 했죠. '~만큼'은 영어로 뭘까요?

- ~만큼 = as(에즈)
- 어제 = yesterday(예스터데이)
- 어제만큼 = as yesterday(에즈 예스터데이)

그럼, 정리해서 말해 볼까요?
- 오늘은 덥다 = Today is hot.(투데이 이즈 핫)
- 어제만큼 = as yesterday(에즈 예스터데이)

이 두 문장을 하나로 합쳐줘야겠죠.

　　Today is hot. as yesterday.
　　(투데이 이즈 핫. 에즈 예스터데이)
　　= 오늘은 덥다. 어제만큼

67

Q. 줄라이! 중간에 .(마침표)를 지우면 안 될까요?

A. 그쵸? 좀 이상하죠? .(마침표)를 지울까요?
- 오늘은 어제만큼 더워요.
  Today is as hot as yesterday.
  (투데이 이즈 에즈 핫 에즈 예스터데이)

Q. 줄라이! .(마침표)를 지우자고 했는데 as는 왜 들어갔어요?

A. .(마침표)를 지우려면 hot 앞에 as를 써줘야 .(마침표)를 지울 수 있어요. as를 이용하여 비교를 할 때는 형용사나 부사 앞에 as를 한 번 더 써줘야 '~만큼 ~하다'라고 자연스럽게 말할 수 있어요. 이것 또한 일종의 규칙 같은 거예요.

as (형용사/부사) as = ~만큼 ~하다

하나 더 말해 볼까요? '그녀는 너 만큼 키가 크다'를 말해 볼게요.
- 그녀는 키가 크다 = She is tall.(쉬 이즈 톨)
- 너만큼 = as you(에즈 유)
- 그녀는 너만큼 키가 크다
  She is tall. as you.
  (쉬 이즈 톨 에즈 유)

중간에 .(마침표)를 지우려면 .(마침표)를 as를 넣는다고 했죠!

- 그녀는 너만큼 키가 크다
  She is as tall as you.
  (쉬 이즈 에즈 톨 에즈 유)

이렇게 말해 주면 되겠네요. 너무 쉽죠?^^

2-119. 직접 써볼까요?

■ 그녀는 김태희만큼 예쁘다.

· 예쁜
➡ _____

· 예쁘다.
➡ _____

· 그녀는 예쁘다.
➡ _____

· ~만큼
➡ _____

· 김태희만큼
➡ _____

· 그녀는 예쁘다 김태희만큼
➡ _____

· 그녀는 김태희만큼 예쁘다.
➡ _____

120강

오늘은 어제만큼 덥지 않아요.
Today is not as hot as yesterday.

[**"오늘은 어제만큼 덥지 않아요"를 배워보도록 할게요.**]

- 더운 = hot(핫)
- 덥다 = be hot(비 핫)
- 오늘 = Today(투데이)
- 오늘은 덥다 = Today is hot.(투데이 이즈 핫)

이렇게 말했었죠. '오늘은 덥지 않다'는 어떻게 말하면 될까요?
is 뒤에 not만 붙이면 되겠죠.

- 오늘은 덥지 않다 = Today is **not** hot.(투데이 이즈 낫 핫)
- ~만큼 = as(에즈)
- 어제 = yesterday(예스터데이)
- 어제만큼 = as yesterday(에즈 예스터데이)

그럼, 이제 정리해서 말해 볼까요?

- 오늘은 덥지 않다 = Today is **not** hot.(투데이 이즈 낫 핫)
- 어제만큼 = as yesterday(에즈 예스터데이)

이제 이 두 문장을 합쳐줘야겠죠.

Today is not hot. as yesterday.

as를 이용하여 비교할 때는 형용사나 부사 앞에 as를 한 번 더 써줘야 한다고 했으니,

- 오늘은 어제만큼 덥지 않다.

  Today is not **as** hot as yesterday.

  (투데이 이즈 낫 에즈 핫 에즈 예스터데이)

이렇게 말해 주면 되겠네요. 간단하죠?^^

2-120. 직접 써볼까요?

■ 그는 너만큼 잘생기지 않았어.

- 잘생긴
➡ _____

- 잘생기다.
➡ _____

- 그는 잘생기다.
➡ _____

- 그는 잘생기지 않았다.
➡ _____

- ~만큼
➡ _____

- 너만큼
➡ _____

- 그는 너만큼 잘생기지 않았다.
➡ _____

121강 배는 사과보다 더 맛있어요. 그러나 수박만큼은 아니에요.

[*"배는 사과보다 더 맛있어요. 그러나 수박만큼은 아니에요"*를 배워보도록 할게요.]

오늘 말할 문장은 길어 보이지만, 그동안 우리가 다 배웠던 문장들이기 때문에 단어 한 개만 알면 금방 말할 수 있답니다.

'그러나'는 영어로 어떻게 말했었나요?
- 그러나 = but(벗)

끝! 오늘 다 배웠네요^^ 진짜 인지 아닌지 저와 함께 말해 볼게요.

'배는 사과보다 더 맛있어요'를 말해 볼까요?
- 맛있는 = delicious(딜리셔스)

* '더 맛있는'이라고 말하고 싶은데, 단어가 길 때는 단어 앞에 more를 붙여 줬었죠(#108강).

- 더 맛있는 = more delicious(모어 딜리셔스)
- 배(들) = Pear**s**(패얼스)

* 한 개의 배를 딱 집어서 말해 준 것이 아니니까 pears라고 복수로 써 준 거예요.

- 더 맛있다 = be more delicious(비 모어 딜리셔스)
- 배가 더 맛있다 = Pears **are** more delicious.
 (패얼스 아 모어 딜리셔스)

* 배(들)라는 복수니까 be는 are로 변해야겠죠!

- ~보다 = than(댄)
- 사과보다 = than apples(댄 애플스)

그럼, 이제 정리해서 말해 볼까요?

- 배는 사과보다 더 맛있어요.

  Pears are more delicious than apples.

  (패얼스 아 모어 딜리셔스 댄 애플스)

어때요? 기억이 새록새록 나기 시작하죠?^^

계속 해 볼게요. '그러나 수박만큼은 아니에요'를 말해 볼게요.

- 그러나 = but(벗)
- 맛있다 = be delicious(비 딜리셔스)
- 맛이 없다 = be not delicious(비 낫 딜리셔스)
- 배는 맛이 없다 = Pears are not delicious.

  (패얼스 아 낫 딜리셔스)

- ~만큼 = as(에즈)
- 수박들 = watermelons(워터멜론스)
- 수박들만큼 = as watermelons(에즈 워터멜론스)
- 배는 수박만큼 맛이 있지 않다.

  Pears are not delicious. as watermelons

*as를 이용하여 비교할 때는 형/부 앞에 as를 한 번 더 써줬었죠!

- 배는 수박만큼 맛이 있지 않다.

  Pears are not as delicious as watermelons.

  (패얼스 아 낫 에즈 딜리셔스 에즈 워터멜론)

끝! 정말 별거 아니죠? 그동안 우리가 배웠던 비교급들을 but으로만 연결해 주면 되는 것이었어요. 그럼, 정리해서 한 문장으로 말해 볼까요?

- 배는 사과보다 더 맛있어요. 그러나 수박만큼은 아니에요.

  Pears are more delicious than apples.

  but Pears are not as delicious as watermelons.

  (패얼스 아 모얼 딜리셔스 댄 애플스. 벗 패얼스 아 낫 에즈 딜리셔스 에즈 워터메론스)

알파벳도 잘 몰랐던 우리가 4개월 배워서 벌써 이만큼의 문장을 만들 수 있다니 정말 놀랍죠? 오늘 문장이 길어서 어려워 보였지만 자세히 보면 하나도 어렵지 않다는 것! 겁먹지 말고 기억이 나지 않는다면 전 강의를 또 보면 되니까요. 우리 앞으로도 열심히 해요^^

2-121. 직접 써볼까요?

■ 오렌지는 사과보다 더 맛있어요. 그러나 배만큼은 아니에요.

- 맛있는
➡ _____

- 더 맛있는
➡ _____

- 더 맛있다.
➡ _____

- ~보다
➡ _____

- 사과들보다
➡ _____

- 사과들보다 더 맛있다.
⮕

- 오렌지들은 사과보다 더 맛있다.
⮕

- 그러나
⮕

- 맛이 없다.
⮕

- 오렌지들은 맛이 없다.
⮕

- ~만큼
⮕

- 배들만큼
⮕

- 오렌지들은 배들만큼 맛있지는 않다.
⮕

- 오렌지는 사과보다 맛있어요. 그러나 배만큼은 아니에요.
⮕

122강 그 음악은 너무 시끄러워요.
The music is too loud.

["그 음악은 너무 시끄러워요"를 배워보도록 할게요.]

58강에서 배웠던 단어입니다. '너무'라는 단어에는 무엇 무엇이 있었나요?

- 너무 = very(베리)
  so(쏘)
  too(투)

가 있었죠. 이 중 우리가 오늘 사용할 '너무'는 too입니다.
too는 '너무'라는 뜻이지만 부정적인 의미의 '너무'로 사용된다고 했었죠.

음악 소리가 내 귀가 아프고 기분이 불쾌할 정도로 시끄럽다면, 이때 쓰는 '너무'는 very, so가 아닌 too를 사용해 주는 거예요.

- 시끄러운 = loud(라우드)
- 너무 시끄러운 = too loud(투 라우드)
- 너무 시끄럽다 = be too loud(비 투 라우드)
- 그 음악 = The music(더 뮤직)
- 그 음악은 너무 시끄럽다.
  The music is too loud.
  (더 뮤직 이즈 투 라우드)

> too+형/부 = 너무 ~한, 히

- too tired(투 타이얼드) = 너무 피곤한
- too hard(투 할드) = 너무 열심히
- too big(투 빅) = 너무 큰
- too heavy(투 해비) = 너무 무거운

2-122. 직접 써볼까요?

■ 그 박물관은 너무 붐벼요.

- 붐비는
➡ _____

- 너무 붐비는
➡ _____

- 너무 붐비다.
➡ _____

- 그 박물관
➡ _____

- 그 박물관은 너무 붐벼요.
➡ _____

* 이 말은 의역해서 '그 박물관에는 사람이 너무 많아 붐비다' 이렇게 말해 줄 수도 있어요.

123강   책상 위에 책 한 권이 있어요.
There is a book on the desk.

["책상 위에 책 한 권이 있어요"를 배워보도록 할게요.]

'there(데얼)'은 무슨 뜻이었나요?

- there(데얼) = 거기에, 그곳에
- 나는 ~할 거야 = I will(아 윌)
- 나는 갈 거야 = I will go.(아 윌 고)
- 나는 거기에 갈 거야 = I will go there.(아 윌 고 데얼)

이렇게 말할 수 있었죠?^^ 오늘은 '책상 위에 책 한 권이 있어요'라는 말을 할 거예요. 방금 전에 there은 문장의 뒤에 오면 '거기에, 그곳에'라는 뜻이었지만, there이 문장의 앞에 오면 뜻이 확! 달라져요.

- be(비) = 이다.
- **There be(데얼 비) = ~있다, 존재하다**

라는 말이 된답니다.

- 책 한 권 = a book(어 북)
- ~있다 = There be(데얼 비)
- 책 한 권이 있다 = There **is** a book.(데얼 이즈 어 북)

* 여기에서 be는 뒤에 한 권이라는 단수가 왔기 때문에 단수가 오면 is로 변해요.

- 책상 위에 = on the desk(온 더 데스크)

Q. 줄라이. 왜 '책상 위에' 할 때는 on **the** desk라고 the는 왜 붙여요?

A. 책이 있는 특정한 하나의 테이블을 가리키며 말하는 것이기 때문에 (그) 책상 위에 on the desk라고 말해 주는 거랍니다.
· 책상 위에 책 한 권이 있어요.
   There is a book on the desk.
   (데얼 이즈 어 북 온 더 데스크)

하나 더 해 볼까요?
'바구니에 사과들이 들어 있어요'를 말해 볼게요.

· 사과들 = apples(애플스)
· ~있어요 = There be(데얼 비)
· 사과들이 있어요 = There **are** apples.(데얼 아 애플스)
* 여기에서 be는 뒤에 apples라고 복수가 나왔기 때문에 be는 are로 변해요.
· 바구니 = basket(바스켓)
· 바구니 안에 = in the basket(인 더 바스켓)
· 바구니에 사과들이 있어요.
   There are apples in the basket.
   (데얼 아 애플스 인 더 바스켓) 너무 간단하죠?^^

There is + 단수
There are + 복수 = ~이 있어요

※ there이 문장의 뒤에 쓰이면 '거기에, 그곳에'라는 뜻이 되고 There이 문장의 앞에 쓰이면 '~있어요'라는 뜻이 됩니다.

79

2-123. 직접 써볼까요?

■ 정원에 꽃들이 있어요.

· 꽃들
➡ _____

· ~있어요.
➡ _____

· 꽃들이 있어요.
➡ _____

· 정원에
➡ in the garden(인 더 가든)

· 정원에 꽃들이 있어요.
➡ _____

124강 냉동고에 아이스크림이 있어요.
There is some ice cream in the freezer.

["냉동고에 아이스크림이 있어요"를 배워보도록 할게요.]

- There be(데얼 비) = ~있어요.

이때 be는 뒤에 명사가 단수일 때는 is로 변하고 복수일 때는 are로 변했었죠.

- There is + 단수
- There are + 복수
- 아이스크림 = ice cream(아이스크림)

아이스크림은 셀 수 있는 명사일까요? 셀 수 없는 명사일까요?

〈셀 수 있는 명사〉
일정한 모양을 갖추어야 한다.
항상 그 형태를 유지해야 한다.
여러 개가 존재할 수 있어야 한다.
라고 했죠. 그런데 아이스크림은 어때요?
밖에 조금만 꺼내 놓으면 녹아서 모양이 금방 변해버리죠. 그래서 아이스크림은 **셀 수 없는 명사**입니다.

Q. 그래도 우리 아이스크림은 한 개, 두 개 하고 셀 수 있잖아요!

라고 의문이 풀리지 않는다면 그냥 외워주셔야 해요.
이것 또한 '아이스크림은 셀 수 없는 명사야'라고 정해 놓은 규칙이기 때문에 우리는 그렇게 외워 줄 수밖에 없어요.

해서, 아이스크림은 셀 수 없는 명사이고 셀 수 없는 명사는 한 개, 두 개 할 수 없기 때문에 복수가 아닌 단수 취급합니다.

※ 아이스크림 = 셀 수 없는 명사 = 단수 취급

이제, 다시 연결해서 말해 볼까요?
- ~이 있다 = There be(데얼 비)
- 아이스크림 = ice cream
- 아이스크림이 있어요 = There is ice cream.(데얼 이즈 아이스크림)

그런데, 이때 영어를 쓰는 사람들은 습관처럼 ice cream 앞에 some을 붙여 준답니다.
- 아이스크림이 있어요 = There is some ice cream.
  (데얼 이즈 썸 아이스크림)

이렇게 말이죠. 우리가 some이란 건 '약간, 좀, 조금' 이런 뜻으로 불확실한 수량을 이야기할 때 썼었죠.

아이스크림 또한 셀 수 없는 명사니까 셀 수 없는 양의 불확실한 수량이죠. 그래서 습관처럼 셀 수 없는 명사 앞에는 some을 붙여 주는 거예요. 꼭 some을 쓰지 않아도 문법적으로 틀리지는 않지만, 안 쓰면 원어민들이 듣기에 좀 허전한 느낌이 들어서 some을 써 주는 것이 좋답니다.

- 냉동고 = freezer(쁘리져)
- 냉동고 안에 = in the freezer(인 더 쁘리져)
- 냉동고에 아이스크림이 있어요.

  There is some ice cream in the freezer.
  (데얼 이즈 썸 아이스크림 인 더 쁘리져)

2-124. 직접 써볼까요?

- 내 지갑에 돈이 있어요.
- 돈
➡ _____
- 불확실한 양
➡ _____
- 돈이 있어요.
➡ _____
- 내 지갑에
➡ in my wallet(인 마이 월렛)
- 내 지갑에 돈이 있어요.
➡ _____

[복습하기4(119~124강)]

1. 오늘은 어제만큼 더워요. =
2. 그녀는 김태희만큼 예쁘다. =
3. 오늘은 어제만큼 덥지 않다. =
4. 그는 너만큼 잘생기지 않았어. =
5. 배는 사과보다 더 맛있어요. 그러나 수박만큼은 아니에요.
   =

6. 오렌지는 사과보다 더 맛있어요. 그러나 배만큼은 아니에요.
   =

7. 그 음악은 너무 시끄러워요. =
8. 그 박물관은 너무 붐벼요. =
9. 책상 위에 책 한 권이 있어요. =
10. 정원에 꽃들이 있어요. =
11. 냉동고에 아이스크림이 있어요.
    =
12. 내 지갑에 돈이 있어요. =

[복습하기4(119~124강)]

1. 오늘은 어제만큼 더워요. = Today is as hot as yesterday.
2. 그녀는 김태희만큼 예쁘다. = She is as pretty as 김태희.
3. 오늘은 어제만큼 덥지 않다. = Today is not as hot as yesterday.
4. 그는 너만큼 잘생기지 않았어. = He is not as handsome as you.
5. 배는 사과보다 더 맛있어요. 그러나 수박만큼은 아니에요.
   = Pears are more delicious than apples.
      but Pears are not as delicious as watermelons.
6. 오렌지는 사과보다 더 맛있어요. 그러나 배만큼은 아니에요.
   = Oranges are more delicious than apples.
      but Oranges are not as delicious as pears.
7. 그 음악은 너무 시끄러워요. = The music is too loud.
8. 그 박물관은 너무 붐벼요. = The museum is too crowded.
9. 책상 위에 책 한 권이 있어요. = There is a book on the desk.
10. 정원에 꽃들이 있어요. = There are flowers in the garden.
11. 냉동고에 아이스크림이 있어요.
    = There is some ice cream in the freezer.
12. 내 지갑에 돈이 있어요. = There is some money in my wallet.

125강 정원에 꽃들이 있어요.
There are some flowers in the garden.

[**"정원에 꽃들이 있어요"를 배워보도록 할게요.**]

이 문장은 123강에서 '직접 써볼까요?'에서 본 문장이죠. 우리가 잘 썼는지 확인 한번 해 볼까요?

- 꽃들 = flowers(플라워스)
- ~있어요 = There be(데얼 비)
- 꽃들이 있어요 = There are flowers(데얼 아 플라워스)

* 여기에서 be는 flowers하고 복수이니까 are로 변해야겠죠.

- 정원에 = in the garden(인 더 가든)
- 정원에 꽃들이 있어요.

  There are flowers in the garden.

  (데얼 아 플라워스 인 더 가든)

이렇게 써 주셨다면 너무 잘 하셨어요. 그런데 123강에서 **some**이란 것을 배웠었죠. **불확실한 수량 앞에는 습관처럼 써줍니다.**

- 정원에 꽃들이 있어요.

  There are some flowers in the garden.

  (데얼 아 썸 플라워스 인 더 가든)

이렇게 some을 이용하여 영어를 좀 더 감칠맛 나게 사용할 수 있답니다. 우리가 그동안은 some을 '약간, 좀' 이러한 뜻으로 배워서 항상 영어를 해석할 때 '정원에 꽃들이 약간 있어요' 이런 식으로 해석했는데 **some은 그냥 불확실한 수량 앞에 습관처럼 써 주는 것**이기 때문에 **특별히** 직역해서 **해석하지 않아도 돼요.**

또 하나! 123강에서 아이스크림(단수) 앞에도 some을 썼고, 오늘은 꽃들(복수) 앞에도 some을 썼죠. 이렇게 some은 단수, 복수 상관없이 불확실한 수량 앞에 써 준답니다.

> some = 불확실한 수량 앞에 쓴다.
> 단수, 복수 상관없이 다 쓸 수 있다.

2-125. 직접 써볼까요?

■ 테이블 위에 책들이 있어요.

· 책들
➡ _____

· 불확실한 양
➡ _____

· ~있어요.
➡ _____

· 테이블 위에
➡ on the table(온 더 테이블)

· 테이블 위에 책들이 있어요.
➡ _____

126강 책상 위에 지우개가 없어요.
There isn't an eraser on the desk.

["책상 위에 지우개가 없어요"를 배워보도록 할게요.]

There be '~있어요'를 쭉 배우고 있죠.

- There is + 단수
- There are + 복수

그럼, '~이 없어요'는 어떻게 말하면 될까요?
be 뒤에 not만 붙이면 '~이 없어요'라는 말이 된답니다. 엄청 간단하죠?

There be + not = ~이 없어요

* be동사의 부정 : be동사 + not

- (하나의)지우개 = an eraser(언 이레이져)
* 하나의 지우개인데 a eraser가 아니고 왜 an eraser라고 쓰나요? 63강에서 배웠었죠. eraser라는 단어는 발음소리가 모음(ㅏ, ㅔ, ㅐ, ㅣ, ㅗ, ㅜ, ㅓ)에 해당하는 소리가 나서 an을 써준 거랍니다.

- ~있어요. = There be(데얼 비)
- 지우개가 있다 = There is an eraser.(데얼 이즈 언 이레이져)
* be는 단수가 왔기 때문에 is로 변해요.

- 책상 위에 = on the desk. 이제 정리해서 말해 볼까요?
- 책상 위에 지우개가 없어요.

  There **is not** an eraser on the desk.

  (데얼 이즈 낫 언 이레이져 온 더 데스크)

is not(이즈 낫) = isn't(이즌트)

is not은 isn't로 줄여 말할 수 있어요.

- 책상 위에 지우개가 없어요.

  There **isn't** an eraser on the desk.

  (데얼 이즌트 언 이레이져 온 더 데스크)

한 번 더 연습해 볼까요?
'교실에 학생들이 없어요' 하고 말해 볼게요.

- 학생들 = students(스튜던츠)
- ~있어요 = There be(데얼 비)
- ~이 없어요 = There be not(데얼 비 낫)
- 학생들이 없어요 = There are not students.(데얼 아 낫 스튜던츠)

* be는 students라는 복수를 만났기 때문에 are로 변해요.

- 교실에 = in the class(인 더 클래스)
- 교실에 학생들이 없어요.

  There are not students in the class.

  (데얼 아 낫 스튜던츠 인 더 클래스)

are not(아 낫) = aren't(안ㅌ)

are not은 aren't로 줄여 말할 수 있어요.

· 교실에 학생들이 없어요.
   There aren't students in the class.
   (데얼 안ㅌ 스튜던츠 인 더 클래스)

2-126. 직접 써볼까요?

■ 공연장에 사람들이 없어요.

· 사람들
➡ people(피플)

· ~없어요.
➡ _____

· 사람들이 없어요.
➡ _____

· 공연장에
➡ in the concert hall(인 더 콘서트홀)

· 공연장에 사람들이 없어요.
➡ _____

* people이라는 단어 자체가 '사람들'이라는 복수이기 때문에 peoples라고 쓰면 안 돼요.

127강 글라스에 물이 없어요.
There isn't any water in the glass.

["글라스에 물이 없어요"를 배워보도록 할게요.]

126강에서는 There be not '~이 없어요'를 배웠었죠.

· There isn't + 단수
· There aren't + 복수

· 물 = water(워러)

물은 액체니까 **셀 수 없는 명사**이죠. 셀 수 없는 명사는 무슨 취급을 한다 했었죠? **단수 취급**한다 했었죠!

· 물이 없어요 = There isn't water.
　　　　　　 (데얼 이즌트 워러)

그런데 이때! 영어를 쓰는 사람들은 water 앞에 any(애니)를 붙여준답니다.

· 물이 없어요 = There isn't **any** water.
　　　　　　 (데얼 이즌트 애니 워러)

우리가 불확실한 수량 앞에 some을 붙여줬었죠? 이와 같이 불확실한 수량의 **부정문일 때**는 some 대신 **any**를 넣어준답니다.

· 글라스에 = in the glass(인 더 글라스)

· 글라스에 물이 없어요.
　There is**n't any** water in the glass.
　(데얼 이즌트 애니 워러 인 더 글라스)

부정문이란 건 문장에 not이 들어갔을 때를 부정문이라 해요!

- 나는 얼굴에 주름이 많아요.

    I have a lot of wrinkles on my face.

    (아이 해브 어 랏 오브 링클스 온 마이 페이스)

위의 문장은 긍정문일까요? 부정문일까요?

얼굴에 주름이 많다고 하니 왠지 부정문 같아 보이지만, 이 문장에는 **not이 없기 때문에 긍정문**입니다.

- 나는 얼굴에 주름이 없어요.

    I do**n't** have wrinkles on my face.

    (아이 돈 해브 링클스 온 마이 페이스)

위의 문장은 긍정문일까요? 부정문일까요?

얼굴에 주름이 없다고 하니 왠지 긍정문 같아 보이지만, 이 문장에는 **not이 있기 때문에 부정문**입니다.

영어에서는 문장의 전체적인 의미가 긍정이어서 긍정문이 되고 문장의 전체적인 의미가 부정이어서 부정문이 될 수 없어요. 누군가에게는 부정이 긍정이 될 수 있고, 긍정이 부정이 될 수 있는 것이기 때문에 개인의 주관적인 판단으로 긍정이다 부정이다 구분할 수 없답니다. 그래서 **not이 들어가면 부정문! not이 없으면 긍정문**이 되는 거랍니다.

> ＊ 긍정문 : 불확실한 수량 앞 = some
> ＊ 부정문 : 불확실한 수량 앞 = any

- 교실에 학생들이 없어요.

    There are**n't** students in the class.

    (데얼 안트 스튜던츠 인 더 클래스)

이 문장에서도 이 교실에는 학생이 10명인지 20명인지 잘 모르는 불확실한 수량이죠! 그럼 students 앞에 습관처럼 some을 넣어줘야 하는데, 문장을 보니 not이 들어간 부정문이네요. 그럼, some 대신 any를 넣어 주는 것이 맞겠죠?^^

- 교실에 학생들이 없어요.

  There aren't any students in the class.

  (데얼 안트 애니 스튜던츠 인 더 클래스)

2-127. 직접 써볼까요?

- **공연장에 사람들이 없어요(any를 넣어서).**

- 사람들
  ➡ _____

- ~없어요.
  ➡ _____

- 불확실한 수량
  ➡ _____

- 사람들이 없어요.
  ➡ _____

- 공연장에
  ➡ _____

- 공연장에 사람들이 없어요.
  ➡ _____

128강

나는 공부하기에는 너무 바빠요.
I'm too busy to study.

["나는 공부하기에는 너무 바빠요"를 배워보도록 할게요.]

공부를 하기엔 너무 바쁘대요. 공부를 하고 싶지만, 너무 바빠서 못하고 있다는 말이죠.
그럼 이때는 so, very, too 중에 무엇을 써야 할까요?
긍정적인 의미의 '너무'가 아닌 부정적인 의미의 '너무'인 too를 이용해야겠죠.

- 바쁜 = busy(비지)
- 너무 바쁜 = **too** busy(투 비지)
- 너무 바쁘다 = be too busy(비 투 비지)
- 나는 너무 바쁘다 = I **am** too busy.(아이 엠 투 비지)
- 공부 = study(스터디)

'공부하기에는'은 어떻게 말하면 될까요?
study 앞에 to만 붙여주면 된답니다^^

- 공부하기에는 = to study(투 스터디) 너무 간단하죠?

to부정사라는 말 기억나시죠!
아닐 부(不) 정할 정(定)을 써서 '정해지지 않은 말'이라 했던 to부정사요! 뜻이 하나로 정해져 있지 않고 그때그때 달라지니 그때그때 외워줘야 한다 했어요(#95강).

오늘의 **to는 too**와 함께 쓰이면 '**~하기에는**'이라는 뜻이 돼요.
정리해서 말해 볼까요?

- 나는 너무 바빠요 공부하기에는

  I'm too busy to study.

  (아임 투 비지 투 스터디)

이 말을 자연스럽게 우리말 어순으로 의역해 주면 '나는 공부하기에는 너무 바빠요'가 되는 것이에요.

too~ to~ = 너무 ~하다 ~하기에는

too 뒤에 to가 나오면 이때의 to는 '~하기에는'이라고 생각해 주면 돼요.

- too busy to play(투 비지 투 플레이)

  = 너무 바쁘다 놀기에는

- too tired to work(투 타이얼드 투 월크)

  = 너무 피곤하다 일하기에는

- too hot to drink(투 핫 투 드링크)

  = 너무 뜨겁다 마시기에는

연습 한번 해 볼까요? '나는 먹기에는 너무 배부르다'를 말해 볼게요.
- 배부른 = stuffed(스터프드)
- 너무 배부른 = too stuffed(투 스터프드)
- 너무 배부르다 = be too stuffed(비 투 스터프드)
- 나는 너무 배부르다 = I'm too stuffed(아임 투 스터프드)
- 먹다 = eat(잇)
- 먹기에는 = to eat(투 잇)

- 나는 먹기에는 너무 배부르다 = I'm too stuffed to eat.
  (아임 투 스터프드 투 잇)

2-128. 직접 써볼까요?

■ 나는 쇼핑하기에는 너무 피곤해요.

- 피곤한
➡ _____

- 너무 피곤한
➡ _____

- 너무 피곤하다.
➡ _____

- 나는 너무 피곤하다.
➡ _____

- 쇼핑하다.
➡ do shopping(두 쇼핑)

- 쇼핑하기에는
➡ _____

- 나는 쇼핑하기에는 너무 피곤해요.
➡ _____

129강

내가 마시는 커피는 맛있어요.
The coffee that I drink is good.

[``내가 마시는 커피는 맛있어요"를 배워보도록 할게요.]

오늘도 너무 쉬우니까 천천히 따라와 보세요^^

- 마시다 = drink(드링ㅋ)
- 나는 마시다 = I drink(아이 드링ㅋ)

이제 이 정도는 금방 쓸 수 있죠?^^
그럼 '내가 마시는'이라고는 어떻게 말할까요? 엄청 간단해요!
'나는 마신다' 앞에 that만 붙여주면 돼요.

- **내가 마시는 = that I drink(댓 아이 드링ㅋ)**

진짜 너무 간단하죠? 쉬우니까 몇 개 더 해 볼까요?

- 나는 만나다 = I meet(아이 밋)
- 내가 만나는 = that I meet(댓 아이 밋)

- 나는 가르친다 = I teach(아이 티치)
- 내가 가르치는 = that I teach(댓 아이 티치)

- 나는 간다 = I go to(아이 고 투)
- 내가 가는 = that I go to(댓 아이 고 투)

Q. go 뒤에 to는 왜 붙었나요?

A. '~장소에 가다'라고 할 땐 습관처럼 go 뒤에 to를 붙인다고 했었죠(#5강).

이제, 우리가 오늘 할 말! '내가 마시는 커피는 맛있어요'를 한번 말해 볼까요?
내가 마시는 커피니까 커피를 말할 때는 정확하게 '그 커피'라고 말해줘야겠죠.

- (그)커피 = The coffee
- 내가 마시는 = that I drink(댓 아이 드링ㅋ)
- 내가 마시는 커피는 = The coffee that I drink
  (더 커피 댓 아이 드링ㅋ)

이제 '맛있어요'만 쓰면 되겠네요.

- 맛있는 = good(굿)
- 맛있다 = be good(비 굿)

Q. 줄라이! '맛있는'은 delicious(딜리셔스) 아닌가요?

A. delicious도 맞아요! 그런데 회화를 할 땐 delicious도 많이 쓰이지만, '좋다', '괜찮다', '맛있다'라는 뜻으로 good이라는 말도 많이 쓰인답니다.

정리해서 말해 볼까요?
- 내가 마시는 커피는 맛있어요.

  The coffee **that** I drink **is** good.

  (더 커피 댓 아이 드링ㅋ 이즈 굿)

* 커피는 나도 아니고 너도 아닌 3인칭 단수이니까 be는 is로 변해요.

2-129. 직접 써볼까요?

■ 내가 다니는 학교는 신촌에 있어요.

- 가다.
➡ _____

- 나는 ~에 가다.
➡ _____

- 내가 가는(내가 다니는)
➡ _____

- (그) 학교
➡ _____

- 내가 다니는 학교는
➡ _____

- 신촌에
➡ in Sinchon

- 신촌에 있다.
➡ _____

- 내가 다니는 학교는 신촌에 있어요.
➡ _____

130강 띄어쓰기가 있는 형용사.

["띄어쓰기가 있는 형용사"를 배워보도록 할게요.]

원래 일반적으로 문법책에는 이런 말이 나와 있지 않아요. 좀 더 쉽게 이해를 돕기 위해서 제가 지어서 쓴 말이니 절대적으로 외우지 마시고, 그냥 편안하게 읽어주세요^^ 129강의 보충 설명 정도라 보면 좋을 것 같습니다.

- 마시다 = drink(드링크)
- 나는 마시다 = I drink(아이 드링크)
- 내가 마시는 = that I drink(댓 아이 드링크)
- 그 커피 = The coffee(더 커피)
- 맛있는 = good(굿)
- 맛있다 = be good(비 굿)

연결해서 말해 볼까요?

- 내가 마시는 커피는 맛있어요.
  The coffee that I **drink is** good.
  (더 커피 댓 아이 드링크 이즈 굿)

이렇게 말했었죠. 그런데 뭔가 의문점이 들지 않으셨어요? 어떤 의문점이었나요? 동사 다음 동사가 나오면 안 되는데, 'drink = 마시다' 와 'is= ~이다' 라는 동사가 바로 연결되어 만났죠?

Q. 줄라이! 동사 다음에 동사가 나오면 안 되는데, 왜 위의 문장은 동사 다음 동사가 나오나요?

A. 같이 한번 볼까요?

- 그 커피는 맛있다.
    The coffee is good.(더 커피 이즈 굿)
       주어   동사 부사

위의 문장은 주어+동사+부사 아무 의문이 들지 않죠?
'그 커피'는 맛있는데 어떤 커피죠?
'내가 마시는' 그 커피라고 더 꾸며 말해 주고 싶은 거죠?

    The coffee (that I drink) is good.
                 내가 마시는

that I drink(댓 아이 드링크)
that(댓) = ~하는
I(아이) = 나는
drink(드링크) = 마신다.
이렇게 단어를 따로 따로 생각하면 안 되고,

I drink에 that이 붙어서 'that I drink = 내가 마시는'이라는 뜻을 가진 형용사가 되었다
생각하시면 돼요.

- that I drink = 내가 마시는
띄어쓰기가 있고 주어, 동사가 포함되어 있는 하나의 또 다른 '단어'라고 생각해 주면 된
답니다^^

'그 커피'를 '내가 마시는 그 커피'라고 말하고 싶은데, '내가 마시는'이라는 단어가 따로 없으니 that을 이용해서 '형용사'를 만들어 준 거예요. that I drink라는 형용사가 앞에 있는 The coffee라는 명사를 꾸며준 것이랍니다.

The coffee (that I drink) = 내가 마시는 커피

- 예쁜 = pretty(프리티)
- 여자 = girl(걸)
- 예쁜 여자 = pretty girl(프리티걸)

위의 문장을 보면, 형용사 pretty가 명사 girl을 꾸며주고 있죠? 이렇듯 형용사는 명사를 꾸며주는 역할을 한답니다.

〈The coffee (that I drink)〉 is good.
〈명사(형용사)〉 애네들을 통째 '주어'라고 봐주시면 돼요.
그럼, 〈주어〉+동사+부사 문제없는 문장이 되었죠?

'drink도 동사이고 is도 동사인데 왜 애네들이 같이 있을까? 잘못된 문장 아니야?'가 아니라 앞에 that이 와서 하나의 단어로 만들어 준 건지 앞으로는 문장의 전체를 봐줘야 해요.

2-130. 직접 써볼까요?

■ 내가 사랑하는 사람은 너야.

· 사랑하다.
➡ _____

· 나는 사랑하다.
➡ _____

· 내가 사랑하는
➡ _____

· (그) 사람
➡ The person(더 펄슨)

· 너
➡ _____

· 너다.
➡ _____

· 내가 사랑하는 사람은 너야.
➡ _____

[복습하기5(125~130강)]

1. 정원에 꽃들이 있어요. =

2. 테이블 위에 책들이 있어요. =

3. 책상 위에 지우개가 없어요. =

4. 공연장에 사람들이 없어요. =

5. 글라스에 물이 없어요. =

6. 공연장에 사람들이 없어요(any를 넣어서).
   =

7. 나는 공부하기에는 너무 바빠요. =

8. 나는 쇼핑하기에는 너무 피곤해요. =

9. 내가 마시는 커피는 맛있어요. =

10. 내가 다니는 학교는 신촌에 있어요. =

11. 내가 사랑하는 사람은 너야. =

[복습하기5(125~130강)]

1. 정원에 꽃들이 있어요. = There are some flowers in the garden.
2. 테이블 위에 책들이 있어요. = There are some books on the table.
3. 책상 위에 지우개가 없어요. = There isn't an eraser on the desk.
4. 공연장에 사람들이 없어요. = There aren't people in the concert hall.
5. 글라스에 물이 없어요. = There isn't any water in the glass.
6. 공연장에 사람들이 없어요(any를 넣어서).
  = There aren't any people in the concert hall.
7. 나는 공부하기에는 너무 바빠요. = I'm too busy to study.
8. 나는 쇼핑하기에는 너무 피곤해요. = I'm too tired to do shopping.
9. 내가 마시는 커피는 맛있어요. = The coffee that I drink is good.
10. 내가 다니는 학교는 신촌에 있어요. = The school that I go to is in Sinchon.
11. 내가 사랑하는 사람은 너야. = The person that I love is you.

131강 내가 싫어하는 색은 분홍색입니다.
The color that I don't like is pink.

["내가 싫어하는 색은 분홍색입니다"를 배워보도록 할게요.]

'나는 좋아하다'를 어떻게 말하나요?

- 좋아하다 = like(라익)
- 나는 좋아하다 = I like(아이 라익)

이제는 이정도 쯤은 너무 쉽죠?^^ 그럼, '**내가 좋아하는**'은 어떻게 말할까요? 우리가 요즘 배우고 있는 that을 사용하면 되죠!

- 내가 좋아**하는** = **that** I like(댓 아이 라익)

이제 '내가 싫어하는'은 어떻게 말할까요? like 앞에 don't(돈)만 넣어주면 되겠죠!

- 내가 싫어하는 = that I **don't** like(댓 아이 돈 라익)

너무 간단하죠? 몇 개 더 연습해 볼까요?

- 내가 만드는 = that I make(댓 아이 메익)
- 내가 **안** 만드는 = that I **don't** make(댓 아이 돈 메익)

- 내가 사랑하는 = that I love(댓 아이 러브)
- 내가 **안** 사랑하는 = that I **don't** love(댓 아이 돈 러브)

- 내가 타는 = that I take(댓 아이 테익)
- 내가 **안** 타는 = that I **don't** take(댓 아이 돈 테익)

- 내가 마시는 = that I drink(댓 아이 드링크)
- 내가 **안** 마시는 = that I **don't** drink(댓 아이 돈 드링크)

정말 공부하면 할수록 별거 아니죠?

이제, 우리가 오늘 말할 '내가 싫어하는 색은 분홍색이야'를 말해 볼까요?

- (그)색 = The color(더 컬러)
- 내가 싫어하는 = that I don't like(댓 아이 돈 라익)
- 분홍색이다 = be pink(비 핑크)
- **내가 싫어하는** 색은 분홍색이다.

   The color **that I don't** like is pink.

   (더 컬러 댓 아이 돈 라익 이즈 핑크)

정말 너무 쉽죠? 앞에서 여러분들이 기초를 잘 공부해 주셔서 그래요. 한 강, 한 강 너무 쉽더라도 매일 빠지지 않고 노력한 우리의 결과물이랍니다. 앞으로도 우리 더 힘내서 같이 공부해요^^

2-131. 직접 써볼까요?

■ **내가 싫어하는 색은 보라색입니다.**

- (그) 색
➡ _____

- 내가 싫어하는
➡ _____

- 보라색이다.
➡ _____

- 내가 싫어하는 색은 보라색입니다.
➡ _____

132강

그는 내가 존경하는 작가이다.
He is a writer that I respect.

["그는 내가 존경하는 작가이다"를 배워보도록 할게요.]

뭔가 말이 나올 듯 말 듯하죠? 천천히 같이 말해 보도록 할게요.
우선, '작가'는 영어는 뭘까요?

- (한 명의)작가 = a writer(어 롸이터)
- 작가이다 = be a writer(비 어 롸이터)
- 그는 작가이다 = He is a writer.(히 이즈 어 롸이터)

'작가'라는 단어를 하나 알고 나니 문장을 금방 만들죠?^^
이제, '내가 존경하는'만 말하면 되겠네요.

- 존경하다 = respect(리스펙트)
- 나는 존경하다 = I respect(아이 리스펙트)

이제, 이 문장을 '내가 존경하는'이라고 말하려면 어떻게 하면 되죠? 문장 앞에 that만 넣어주면 되죠!

- 내가 존경하는 = that I respect(댓 아이 리스펙트)

이제 연결해서 말해 볼게요.

- 그는 작가이다 = He is a writer.
- 내가 존경하는 = that I respect(댓 아이 리스펙트)
- 그는 내가 존경하는 작가이다.

  He is a writer that I respect.

  (히 이즈 어 롸이터 댓 아이 리스펙트)

라고 써도 되고, 문장의 주체가 '그는 작가이다'라는 것은 주어가 사람이라는 거죠. 이렇게 **문장의 주체가 사람일 때는 that 대신 who를 써 주어도 상관없어요.**

- 그는 내가 존경하는 작가이다.
  He is a writer **who** I respect.
  (히 이즈 어 롸이터 후 아이 리스펙트)

※ 문장의 주체가 사람일 때는 that 대신 who를 사용해도 돼요.
ex) 내가 존경하는 = **that** I respect(댓 아이 리스펙트)
　　　　　　　　who I respect(후 아이 리스펙트)

Q. 줄라이. 그럼 that 하고 who 하고 같은 말이니까 that만 알고 있으면 되지 않을까요?

A. 그럼요. 나만 말할 것이라면 that만 알고 있어도 전~혀 문제 되지 않아요. 그런데 말이란 건 상대방의 말을 들을 수 있어야 나도 말할 수 있는 거겠죠? 나는 that만 알고 있는데, 상대방이 who를 쓰면 알고 있는 말이어도 '이건 또 무슨 말이지?' 할 수 있으니 이렇게 조금씩 범위를 넓혀 가며 연습하는 것도 좋을 것 같아요^^

2-132. 직접 써볼까요?

- 그녀는 내가 좋아하는 가수예요.

· (한 명의) 가수
➡ _____

· 가수이다.
➡ _____

· 그녀는 가수이다.
➡ _____

· 내가 좋아하는
➡ _____

· 그녀는 내가 좋아하는 가수이다.
➡ _____

133강 이 차는 내가 어제 본 차예요.
This is a car that I saw yesterday.

["이 차는 내가 어제 본 차예요"를 배워보도록 할게요.]

오늘도 입이 막 떼어질 것 같지 않으세요?
같이 한번 말해 보도록 할게요.

- (한 대의)차 = a car(어 카)
- 차이다 = be a car(비 어 카)
- 이것 = This(디스)
- 이것은 차이다 = This is a car.(디스 이즈 어 카)

이제 '내가 본'은 어떻게 말해 주면 될까요?
우리가 요즘 한창 배우고 있는 that을 사용하면 되겠죠?^^

- 보다 = see(씨)
- 봤다 = saw(쏘우)
- 나는 봤다 = I saw(아이 쏘우)
- 내가 본 = that I saw(댓 아이 쏘우)
- 어제 = yesterday(예스터데이)
- 내가 어제 본 = that I saw yesterday(댓 아이 쏘우 예스터데이)

연결해서 말해 볼까요?

- 이것은 차입니다 = This is a car.(디스 이즈 어 카)
- 내가 어제 본 = that I saw yesterday(댓 아이 쏘우 예스터데이)
- 이 차는 어제 **내가 본** 차입니다.

111

This is a car that I saw yesterday.
(디스 이즈 어 카 댓 아이 쏘우 예스터데이)

이렇게 말해 주면 되겠죠? 너무 쉽죠? 그런데, 이렇게 말해 줘도 되고 또 다르게도 말해 줄 수 있어요. 132강 같은 경우에는 주체가 사람일 때 that 대신 who를 써도 된다 했죠! 오늘은 문장의 주체가 무엇인가요?
'이것은 차입니다' 하고 문장의 주체가 물건이죠? 이렇게 문장의 주체가 물건일 때는 that 대신 which를 써서 말해 줘도 된답니다.

- 이 차는 어제 **내가 본** 차입니다.
  This is a car which I saw yesterday.
  (디스 이즈 어 카 위치 아이 쏘우 예스터데이)

이렇게 말이죠^^
※ 문장의 주체가 사람을 제외한 동물, 식물, 물건일 때는 that 또는 which를 씁니다.
- 사람일 때 = that, who
- 사람을 제외한 동물, 식물, 물건 = that, which

2-133. 직접 써볼까요?

■ 이 가방은 어제 내가 산 가방이에요.

- (하나의) 가방
➡ _____

- 가방이다.
➡ _____

- 이것은 가방이다.
➡ _____

- 나는 사다.
➡ _____

- 나는 샀다.
➡ _____

- 어제
➡ _____

- 이 가방은 어제 내가 산 가방이다.
➡ _____

134강 나는 해변에서 그녀를 만났다.
I met her at the beach.

["나는 해변에서 그녀를 만났다"를 배워보도록 할게요.]

오늘도 너무 간단해서 쉽게 따라 할 수 있답니다.

- 만나다 = meet(밋)
- 만났다 = met(멧)
- 나는 만났다 = I met.(아이 멧)

이 정도는 너무 식은 죽 먹기죠?

- 그녀를 = her(허얼)
- 나는 그녀를 만났다 = I met her.(아이 멧 허얼)
- (그)해변 = the beach(더 비치)
- **~에서 = at(엣)**
- 해변에서 = at the beach(엣 더 비치)
- 나는 해변에서 그녀를 만났다.
  I met her **at** the beach.
  (아이 멧 허얼 엣 더 비치)

at은 **정확한 장소, 지점**을 이야기할 때 써요.

- 버스 정류장에서 = **at** the bus stop(엣 더 버스 스탑)
- 은행에서 = **at** the bank(엣 더 뱅크)

다음 네모 칸에 있는 말을 해석해 볼까요?

> **You can buy stamps at the post office.**
> **(유 캔 바이 스템프스 엣 더 포스트 오피스)**

- You can(유 캔) = 너는 할 수 있다.
- buy(바이) = 사다
- you can buy(유 캔 바이) = 너는 살 수 있다.
- stamps(스템프스) = 우표들
- at the post office = 우체국에서

정리해서 말해 보면,
'**너는 우체국에서 우표(들)을 살 수 있다**' 이렇게 해석할 수 있겠죠? 위의 예문은 '**우체국에서**'라는 **정확한 장소**에서 우표를 살 수 있다는 말이었네요. 문장이 긴 것 같지만 막상 해석해 보니 별거 아니죠?^^

이제 이런 긴 문장도 부담 없이 해석할 수 있고, 정말 대단해요!
물론 잘 안 돼도 괜찮아요. 앞으로도 계속해서 전에 했던 것들을 복습하면서 진도를 나갈 거니 포기만 하지 말고 매일매일 열심히 따라와 주기만 하면, 어느새 나도 모르게 영어울렁증을 조금씩 극복할 수 있을 거예요.

2-134. 직접 써볼까요?

■ 나는 버스정류장에서 그를 만났다.

· 나는 만났다.
➡ _____

· 그를
➡ _____

· 나는 그를 만났다.
➡ _____

· 버스 정류장
➡ _____

· ~에서
➡ _____

· 버스 정류장에서
➡ _____

· 나는 그를 버스 정류장에서 만났다.
➡ _____

135강   벽에 그림이 있어요.
There is a picture on the wall.

[*"벽에 그림이 있어요"를 배워보도록 할게요.*]

'~있어요'는 어떻게 말했었나요?
· ~있어요 = There be(데얼 비)

여기서 be는 뒤에 단수가 오냐, 복수가 오냐에 따라서 달라졌죠.
· (하나의) 그림 = a picture(어 픽쳐얼)
· 그림이 있어요 = There is a picture.(데얼 이즈 어 픽쳐얼)

이제, '벽에'라는 말만 하면 되는데……
벽에? 어떻게 말할까요?
'책상 위에'는 어떻게 말했었나요?
· 책상 위에 = on the desk(온 더 데스크)
'on = ~위에' 라는 뜻이기 때문에 on the desk라고 말했던 거죠.
그럼 '벽에'는 어떻게 말할까요?

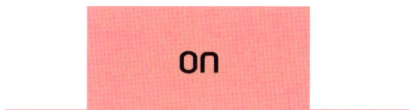

on은 위의 그림처럼 표면과 닿아 있을 때를 on이라고 합니다.

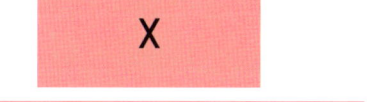

이렇게 표면과 떨어져 있으면 on을 쓸 수 없어요.

그림도 벽이라는 표면 위에 붙어 있는 거죠!
그럼 표면 위에 붙어 있으니 on을 써주면 되겠네요^^

- (그)벽 = the wall(더 월)
- 벽에 = on the wall(온 더 월)

이제 연결해서 말해 볼까요?

- 벽에 그림이 있어요.
   There is a picture **on the wall.**
   (데얼 이즈 어 픽쳐얼 온 더 월)

다음 네모 칸에 있는 말을 해석해 볼까요?

A lot of people are on the street.
(어 랏 오브 피플 아 온 더 스트릿트)

- A lot of people = 많은 사람들
- are = 있다 (많은 사람들이 3인칭복수니까)
- on the street = 거리에

'많은 사람들이 거리에 있어요'라고 해석할 수 있겠네요^^
사람들이 '거리'라는 표면 위에 붙어 있으니 여기서도 on을 써서 말해 준 거예요.

2-135. 직접 써볼까요?

■ 벽에 거울이 있어요.

· ~이 있어요.
➡ _____

· (하나의) 거울
➡ a mirror(어 미러)

· 벽에
➡ _____

· 벽에 거울이 있어요.
➡ _____

136강   덥다.
It's hot.

["덥다~"를 배워보도록 할게요.]

문장이 짧아서 너무 쉽죠? 이렇게 간단한 것도 한 번 더 짚고 가면 나중에 긴 문장을 해석할 때 도움이 많이 된답니다. 그럼 같이 배워 보도록 할게요.

혼자 한번 말해 보세요. 앞뒤 아무 것도 없이 그냥 '덥다~'는 어떻게 말할까요?

음…. Hot!(핫) 이렇게 말하면 되지 않을까요?

그냥 Hot? 'Hot=더운'이라는 뜻인데 '더운~'이라고만 하면 조금 문장이 섭섭하지 않나요?

- 더운 = hot(핫)
- ~이다 = be(비)
- 덥다 = be hot(비 핫)

그런데 be hot이라는 말은 없죠. 여기서 be는 주어가 무엇이냐에 따라 달라지는 것이구요. 오늘은 주어가 어떤 것인지 정하고 싶지 않아요. 그냥 단순하게 '덥다~'라고 말하고 싶은 거예요. 이럴 땐 어떻게 말하면 될까요?

'주어 자리에 it만 넣어 주면 된답니다.'
- 덥다 = It is hot.(잇 이즈 핫)
* 여기에서 be는 It을 만나 is로 변해요.

그리고 It is는 It's로 줄여 줄 수 있었죠!

· 덥다 = It's hot.(잇츠 핫)

이렇게 말해 주면 되겠네요^^

· 추운 = cold(콜드)
· 춥다 = It's cold.(잇츠 콜드)

· 예쁜 = pretty(프리티)
· 예쁘다 = It's pretty.(잇츠 프리티)

· 확실한 = sure(슈얼)
· 확실해! = It's sure!(잇츠 슈얼)

2-136. 직접 써볼까요?

- 멀다.
- 가깝네~
- 훌륭해!

· 먼
◐ far(퐈)
· 멀다.
◐ _____
· 가까운
◐ close(클로즈)

· 가깝네~
◐ _____
· 훌륭한
◐ great(그뤠잇트)
· 훌륭해!
◐ _____

[복습하기6(131~136강)]

1. 내가 싫어하는 색은 분홍색입니다. =

2. 내가 싫어하는 색은 보라색입니다. =

3. 그는 내가 존경하는 작가이다. =

4. 그녀는 내가 좋아하는 가수이다.
   =

5. 이 차는 어제 내가 본 차예요.
   =

6. 이 가방은 어제 내가 산 가방이에요.
   =

7. 나는 해변에서 그녀를 만났다. =

8. 나는 버스 정류장에서 그를 만났다. =

9. 벽에 그림이 있어요. =

10. 벽에 거울이 있어요. =

11. 덥다. =

12. 멀다. =
    가깝네~ =
    훌륭해! =

[복습하기6(131~136강)]

1. 내가 싫어하는 색은 분홍색입니다. = The color that I don't like is pink.
2. 내가 싫어하는 색은 보라색입니다. = The color that I don't like is purple.
3. 그는 내가 존경하는 작가이다. = He is a writer that I respect.
4. 그녀는 내가 좋아하는 가수이다.
   = She is a singer that I like.
   　 She is a singer who I like.
5. 이 차는 어제 내가 본 차예요.
   = This is a car that I saw yesterday.
   　 This is a car which I saw yesterday.
6. 이 가방은 어제 내가 산 가방이에요.
   = This is a bag that I bought yesterday.
   　 This is a bag which I bought yesterday.
7. 나는 해변에서 그녀를 만났다. = I met her at the beach.
8. 나는 버스 정류장에서 그를 만났다. = I met him at the bus stop.
9. 벽에 그림이 있어요. = There is a picture on the wall.
10. 벽에 거울이 있어요. = There is a mirror on the wall.
11. 덥다. = It's hot.
12. 멀다. = It's far.
    　가깝네~ = It's close.
    　훌륭해! = It's great!

137강

나는 그를 좋아한다.
왜냐하면, 그는 똑똑하기 때문에
I like him because he is smart.

["나는 그를 좋아한다. 왜냐하면, 그는 똑똑하기 때문에"를 배워보도록 할게요.]

문장이 좀 긴 것 같죠? 그렇지만 하나도 어렵지 않아요. 오늘도 단어 하나만 배우면 여러분들이 다 할 수 있는 말이랍니다.

- 좋아하다 = like(라익)
- 나는 좋아하다 = I like(아이 라익)
- 그를 = him(힘)
- 나는 그를 좋아하다 = I like him.(아이 라익 힘)

'**그는 똑똑하다**'를 한 번 말해 볼까요?

- 똑똑한 = smart(스마트)
- 똑똑하다 = be smart(비 스마트)
- 그는 똑똑하다 = He is smart.(히 이즈 스마트)

'나는 그를 좋아하다' = I like him.(아이 라익 힘)
'그는 똑똑하다' = He is smart.(히 이즈 스마트) 둘 다 별로 어렵지 않게 말할 수 있었죠?

그런데 오늘은 이렇게 두 문장으로 나눠서 말하는 것이 아니라, '나는 그를 좋아한다. 왜냐하면, 그는 똑똑하기 때문에'라고 한 문장으로 말하고 싶은 거죠.
이 두 문장을 이어주는 '**왜냐하면 ~하기 때문에**'는 어떻게 말할까요?

말은 길어 보이지만 단어는 아주 간단합니다.

- 왜냐하면 ~하기 때문에 = because(비커즈)

라고 합니다. 엄청 간단하죠?^^
배웠으니까 because를 사용해서 말해 볼까요?

- 나는 그를 좋아한다. 왜냐하면, 그는 똑똑하기 때문에.

  I like him because he is smart.
  (아이 라익 힘 비커즈 히 이즈 스마트)

'나는 그를 좋아한다'도 말할 수 있고, '그는 똑똑하다'도 말할 수 있는 상태에서 문장을 연결해 주는 because 하나 배웠을 뿐인데 이렇게 어려운 문장도 쉽게 말할 수 있네요.

다음 네모 칸에 있는 말을 해석해 볼까요?

> **I can't play because I'm busy.**
> (아이 캔 플레이 비커즈 아임 비지)

- I can't play = 나는 놀 수 없다.
- because = 왜냐하면 ~하기 때문에
- I'm busy. = 나는 바쁘다.

'나는 놀 수 없다 왜냐하면 바쁘기 때문에'라고 해석하면 되겠죠!

2-137. 직접 써볼까요?

■ 나는 그녀를 좋아한다. 왜냐하면 그녀는 친절하기 때문에

· 나는 그녀를 좋아하다.
➡ _____

· 왜냐하면 ~하기 때문에
➡ _____

· 그녀는 친절하다.
➡ _____

· 나는 그녀를 좋아한다. 왜냐하면 그녀는 친절하기 때문에
➡ _____

138강 나는 창문을 열었다. 왜냐하면, 더웠기 때문에
I opened the window because it was hot.

["나는 창문을 열었다. 왜냐하면 더웠기 때문에"를 배워보도록 할게요.]

우선 '창문'이라는 단어를 알아야겠죠?

- (그) 창문 = the window(더 윈도우)
- 열다 = open(오픈)
- 창문을 열다 = open the window(오픈 더 윈도우)

이렇게 말해 주면 되겠죠. 그런데 이번에는 '창문을 열었다' 하고 과거로 말해 줘야 하니까 open을 과거로 말해 줘야겠네요.

- 열었다 = opened(오픈드)
- 나는 창문을 열었다 = I opened the window.
  　　　　　　　　　(아이 오픈드 더 윈도우)

어렵지 않죠?^^

- 왜냐하면 ~이기 때문에 = because(비커즈)

이유가 뭐였죠? '더웠기 때문에' 창문을 열었었죠.

- 더운 = hot(핫)
- 덥다 = be hot(비 핫)

덥긴 더운데 날씨가 더운 건지, 내가 지금 있는 공간이 더운 건지, 그냥 내 몸이 더운 건지, 정확하게 주어를 정하고 싶지 않아요. 그럴 땐 주어 자리에 무엇을 쓴다 했죠? it을 넣어 준다 했었죠! (#136강)

· 덥다 = It is hot.(잇 이즈 핫)

그런데 이 역시 '덥다'가 아니라 '더웠다'라고 과거로 말해 주어야겠죠.
is의 과거 was를 이용해서 말해 주면 되겠네요.

· 더웠다 = It was hot.(잇 워즈 핫)

이제, 연결해서 말해 볼게요.
· 나는 창문을 열었다. 왜냐하면 더웠기 때문에
  I opened the window because it was hot.
  (아이 오픈드 더 윈도우 비커즈 잇 워즈 핫)

별로 어렵지 않죠? because도 배우고 It도 배웠기 때문에 별로 어렵지 않죠? 만약 '조금 어려운데?'라는 생각이 든다면 꼭 전에 공부한 것들을 다시 봐주세요^^

2-138. 직접 써볼까요?

■ 나는 창문을 닫았다. 왜냐하면 추웠기 때문에

· 닫다.
➡ close(클로우즈)
· 닫았다.
➡
· 나는 (그) 창문을 닫았다.
➡
· 왜냐하면 ~이기 때문에
➡
· 춥다.
➡
· 추웠다.
➡
· 나는 창문을 닫았다. 왜냐하면 추웠기 때문에
➡

139강 나는 화가 나! 너 때문에!
I'm angry because of you.

["나는 화가 나! 너 때문에!"를 배워보도록 할게요.]

'왜냐하면 ~때문에'를 계속해서 배우고 있죠?

- 왜냐하면 ~때문에 = because(비커즈)

이번에는 '왜냐하면'이라는 말없이 'OO 때문에!' 하고 바로 말해 볼게요.
우선, '화가 나!' 먼저 말해 볼까요?

- 화난 = angry(앵그리)
- 화나다 = be angry(비 앵그리)
- 나는 화나다 = I'm angry.(아임 앵그리)

누구 때문에 화가 난다 했죠? '너! 때문에'라고 했죠. 그럼, '왜냐하면 ~ 때문에' 말고 단순하게 'OO 때문에'라고는 어떻게 말할까요?

- **OO 때문에 = because of(비커즈 오브)**라고 합니다.
- 너 = you(유)
- 너 **때문에 = because of** you(비커즈 오브 유)
- 그녀 때문에 = because of her(비커즈 오브 허얼)
- 그 때문에 = because of him(비커즈 오브 힘)

이제 오늘 우리가 말할 '나는 화가 나! 너 때문에!' 말할 수 있겠죠?^^
- 나는 화가 나! 너 때문에! = I'm angry because of you.
  (아임 앵그리 비커즈 오브 유)

> **because = 왜냐하면 ~때문에**
> **because of = OO 때문에**

Q. 줄라이! 둘 다 뜻이 비슷비슷한데 그냥
  I'm angry **because** you. = 나는 화가 나. **왜냐하면** 너 **때문에**
  라고 말하면 안 되나요?

A. 네~ 그렇게 말하면 안 돼요.
  because 다음에는 꼭! 주어+동사가 있는 문장이 와야 돼요.
  내가 화가 났는데 '나는 무엇 무엇 때문에 화가 나다'라고 문장으로 이유를 말해 줘야 하는 거예요.

예를 들어 because를 이용해서 '나는 화가 나!'를 말하고 싶었다면,

· 나는 화가 나! 왜냐하면 네가 나에게 거짓말을 했기 때문에
  I'm angry because **you lied** to me.
  (아임 앵그리 비커즈 유 라이드 투 미)
처럼 because 뒤에는 주어+동사 형태의 문장이 와야 해요.

> **because + 주어 + 동사**
> **because of + 명사**

별로 어렵지 않죠?^^

2-139. 직접 써볼까요?

■ 나는 행복해. 너 때문에

· 행복한
➡ _____

· 행복하다.
➡ _____

· 나는 행복하다.
➡ _____

· ~때문에
➡ _____

· 너 때문에
➡ _____

· 나는 너 때문에 행복해.
➡ _____

140강 나는 더운 날씨 때문에 아이스커피를 마셨다.
I drank iced coffee because of the hot weather.

["나는 더운 날씨 때문에 아이스커피를 마셨다"를 배워보도록 할게요.]

'나는 아이스커피를 마셨다'를 말해 볼까요?

- 마시다 = drink(드링ㅋ)
- 마셨다 = drank(드랭ㅋ)
- 나는 마셨다 = I drank.(아이 드랭ㅋ)
- 아이스커피 = iced coffee(아이스드 커피)
- 나는 아이스커피를 마셨다 = I drank iced coffee.
  (아이 드랭ㅋ 아이스드 커피)

'OO 때문에'는 어떻게 말했었나요?

- OO 때문에 = because of(비커즈 오브)

라고 말 했었고 because of 다음에는 '명사'가 온다고 했었죠.

- **더운 날씨 = the hot weather(더 핫 웨덜)**

문장이라는 것은 주어+동사가 포함이 되어 있어야 '문장'이 되는 것인데, the hot weather이라는 말은 주어+동사가 포함되어 있지 않죠? 그래서 왠지 말이 길어서 문장 같아 보일 수 있지만, the hot weather은 **명사**랍니다.

- 더운 날씨 때문에 = because of the hot weather
  (비커즈 오브 더 핫 웨덜)

연결해서 말해 볼까요?
· 나는 더운 날씨 때문에 아이스커피를 마셨다.
   I drank iced coffee **because of** the hot weather.
   (아이 드랭ㅋ 아이스드 커피 비커즈 오브 더 핫 웨덜)

이렇게 말해도 되고,
· **Because of** the hot weather, I drank iced coffee
   (비커즈 오브 더 핫 웨덜, 아이 드랭ㅋ 아이스드 커피.)

Because of를 문장의 제일 처음으로 빼서 말해줘도 좋아요. 대신 Because of를 문장의 제일 처음에 써 줄 때는 Because of+명사 뒤에 ,(쉼표)를 찍어주고 B는 대문자로 써줘야 돼요.

* 문서체 : because of를 대부분 문장의 중간에 씁니다.
* 회화체 : Because of를 첫 문장에 씁니다.

오늘도 너무 쉽죠?^^

2-140. 직접 써볼까요?

■ **나는 소음 때문에 창문을 닫았다.**

· (그) 소음 = the noise(더 노이즈)
🢂 _____

· OO 때문에
🢂 _____

· 소음 때문에
🢂 _____

· 닫았다.
🢂 _____

· (그) 창문을
🢂 _____

· 나는 (그) 창문을 닫았다.
🢂 _____

· 나는 소음 때문에 창문을 닫았다.
🢂 _____

135

141강 나는 네가 다시 오길 바라다.
I hope that you will come again.

["나는 네가 다시 오길 바라다"를 배워보도록 할게요.]

'바라다'는 영어에서 어떻게 말할까요?

- 바라다 = hope(홉)
- 나는 바라다 = I hope.(아이 홉)

무엇을 바란다고 했죠? '네가 다시 오길' 바란다 했죠.
- 너는 ~할 거야 = you will(유 윌)
- 오다 = come(컴)
- 너는 올 거야 = you will come(유 윌 컴)
- 다시 = again(어게인)
- 너는 다시 올 거야 = you will come again(유 윌 컴 어게인)

이제, '너는 다시 올 거야'를 '네가 다시 오길'로 바꿔야 하는데, 어떻게 말하면 될까요? 굉장히 쉬워요! '너는 다시 올 거야' 앞에 that(댓)만 붙여 주면 된답니다. 연결해서 말해 볼까요?

- 나는 바라다. 네가 다시 오**길**
  I hope **that** you will come again.
  (아이 홉 댓 유 윌 컴 어게인)

Q. 어! 줄라이. 우리 The coffee that I drink(더 커피 댓 아이 드링크) 할 때는 that I drink를 '내가 마시는'이라고 '~하는'이라고 말하고, He is writer that I respect(히

이즈 롸이터 댓 아이 리스펙트) 할 때도 '내가 존경하는' 이라고 '~하는' 뜻으로 말했는데, 오늘은 that이 왜 '~길'이 되었나요?

A. 정답은 that 앞에 있는 문장이나 명사 앞에 답이 있어요.

The coffee that I drink.
　　명사

He is writer that I respect.
be동사가 있는 문장

that 앞에 명사나 be동사가 있는 문장이 오면 that은 '~하는'이라고 해석이 돼요. 그런데 that 앞에 일반 동사가 오면 that은 뜻이 다양하게 변해요. 이 뜻은 that 앞에 일반 동사에 맞춰서 해석해 주면 돼요^^

I **hope** that you will come again.
일반 동사

'나는 바라다. **that** 너는 다시 올 거야.' 이 말은 that을 어떻게 해석하면 자연스럽게 말할 수 있을까요?
'나는 바라다 네가 다시 오길'로 해석해 주면 자연스럽겠죠? 그래서 여기서 that은 '~길'로 해석된 것이랍니다.

that은 문장과 문장을 연결해 주는 아이이고, that 뒤에 나오는 문장은 that 앞에 있는 문장을 꾸며줍니다.

I hope **that you will come again.**

- 명사 또는 be동사 문장 + that = ~하는
- 일반 동사 + that = 뜻이 다양하게 변함

다음 네모 칸에 있는 말을 해석해 볼까요?

I know that you hate me.
(아이 노우 댓 유 헤이트 미)

- I know = 나는 알다.

know는 '알다'라는 일반 동사이니까 뜻이 다양하게 변하겠죠?

- you hate me = 너는 나를 싫어하다.
- 나는 알다. that 너는 나를 싫어하다.

that 뒤의 문장이 앞 문장을 꾸며 준다고 했으니,
'나는 알고 있다. 네가 나를 싫어하는 것을'이라고 that을 '~것을'이라고 해석해 주면 자연스럽겠네요^^

2-141. 직접 써볼까요?

■ 나는 네가 나를 사랑하는 것을 알고 있다.

· 나는 알다.
➡ _____

· 너는 사랑한다.
➡ _____

· 나를
➡ _____

· 너는 나를 사랑한다.
➡ _____

· 나는 알다. 네가 나를 사랑하는 것을
➡ _____

142강

나는 그 (사람) 때문에 내가 예쁘다는 것을 깨달았어.
Because of him, I realized that I'm pretty.

["나는 그 (사람) 때문에 내가 예쁘다는 것을 깨달았어"를 배워보도록 할게요.]

지금까지 우리가 배운 문장들을 또 다시 되짚어 보면서 복습을 해 볼 거예요. 천천히 따라 오세요.

우선, '그 때문에' 먼저 말해 볼까요?

- OO 때문에 = Because of(비커즈 오브)
- 그(사람) = him(힘)

* him은 직역하면 '그'라는 말이지만 문장의 느낌에 따라서 '그 사람'이라고 자연스럽게 의역해 줄 수 있어요.

- 그 (사람) 때문에 = Because of him(비커즈 오브 힘)
- 깨닫다 = realize(리얼라이즈)

* 그 (사람) 때문에 내가 깨달았으니 지금은 깨달은 상태가 되겠죠? 그럼 '깨닫다'를 과거 '깨달았다'로 말해 줘야겠네요.

- 깨달았다 = realized(리얼라이즈드)
- 나는 깨달았다 = I realized.(아이 리얼라이즈드)
- 나는 그 사람 때문에 깨달았다.
   Because of him, I realized.
   (비커즈 오브 힘, 아이 리얼라이즈드)

무엇을 깨달았죠? '내가 예쁘다는 것을' 깨달았죠.

- 예쁜 = pretty(프리티)
- 예쁘다 = be pretty(비 프리티)
- 나는 예쁘다 = I'm pretty.(아임 프리티)

'나는 예쁘다'를 '내가 예쁘다는 것을'로 바꿔주려면 어떻게 해야 되죠? 문장 앞에 that을 넣어 주면 됐었죠!^^

- 내가 예쁘다는 것을 = that I'm pretty(댓 아임 프리티)

이제, 연결해서 말해 볼까요?

- 나는 그 사람 때문에 내가 예쁘다는 것을 깨달았다.
  Because of him, I realized that I'm pretty.
  (비커즈 오브 힘, 아이 리얼라이즈드 댓 아임 프리티)

문장이 길었지만 우리가 그동안 배운 것을 가지고 길게 만들어 본 문장이라 별로 어렵지 않았죠?

> 1. Because of + 명사
> 2. Because of는 문장의 제일 처음에도 올 수 있다.
> 3. Because of가 문장의 제일 처음에 올 때는 B는 대문자로 적어주고, 명사 뒤 ,(쉼표)를 찍어 준다.
> 4. 명사 또는 be동사가 포함된 문장 뒤 that은 '~하는'으로 해석한다.
> 5. 일반 동사 뒤 that은 다양하게 해석되기 때문에 앞 문장에 맞게 자연스럽게 해석해 준다.

2-142. 직접 써볼까요?

■ 나는 그녀 때문에 내가 용감하다는 것을 깨달았어.

· 그녀 때문에
➡ _____

· 나는 깨달았다.
➡ _____

· 용감한
➡ brave(브레이브)

· 나는 용감하다.
➡ _____

· 내가 용감하다는 것을
➡ _____

· 그녀 때문에, 나는 깨달았다. 내가 용감하다는 것을
➡ _____

[복습하기7(137~142강)]

1. 나는 그를 좋아한다. 왜냐하면 그는 똑똑하기 때문에
   =

2. 나는 그녀를 좋아한다. 왜냐하면 그녀는 친절하기 때문에
   =

3. 나는 창문을 열었다. 왜냐하면 더웠기 때문에
   =

4. 나는 창문을 닫았다. 왜냐하면 추웠기 때문에
   =

5. 나는 화가 나! 너 때문에 =

6. 나는 행복해. 너 때문에 =

7. 나는 더운 날씨 때문에 아이스커피를 마셨다.
   =

8. 나는 소음 때문에 창문을 닫았다.
   =

9. 나는 네가 다시 오길 바라다. =

10. 나는 네가 나를 사랑하는 것을 알고 있다. =

11. 나는 그 (사람) 때문에 내가 예쁘다는 것을 깨달았어.
    =

12. 나는 그녀 때문에 내가 용감하다는 것을 깨달았어.
    =

[복습하기7(137~142강)]

1. 나는 그를 좋아한다. 왜냐하면 그는 똑똑하기 때문에
    = I like him because he is smart.
2. 나는 그녀를 좋아한다. 왜냐하면 그녀는 친절하기 때문에
    = I like her because she is kind.
3. 나는 창문을 열었다. 왜냐하면 더웠기 때문에
    = I opened the window because it was hot.
4. 나는 창문을 닫았다. 왜냐하면 추웠기 때문에
    = I closed the window because it was cold.
5. 나는 화가 나! 너 때문에 = I'm angry because of you.
6. 나는 행복해. 너 때문에 = I'm happy because of you.
7. 나는 더운 날씨 때문에 아이스커피를 마셨다.
    = I drank iced coffee because of the hot weather.
      Because of the hot weather, I drank iced coffee.
8. 나는 소음 때문에 창문을 닫았다.
    = I closed the window because of the noise.
      Because of the noise, I closed the window.
9. 나는 네가 다시 오길 바라다. = I hope that you will come again.
10. 나는 네가 나를 사랑하는 것을 알고 있다. = I know that you love me.
11. 나는 그 (사람) 때문에 내가 예쁘다는 것을 깨달았어.
    = Because of him, I realized that I'm pretty.
12. 나는 그녀 때문에 내가 용감하다는 것을 깨달았어.
    = Because of her, I realized that I'm brave.

143강 네가 나한테 전화했을 때 나는 자고 있는 중이었어.
I was sleeping when you called me.

["네가 나한테 전화했을 때 나는 자고 있는 중이었어"를 배워보도록 할게요.]

오늘도 문장만 길뿐, 한 가지만 배우면 금방 말할 수 있는 표현이랍니다. '나는 자는 중이었어'부터 말해 볼까요?

- 자다 = sleep(슬립)
- 자는 **중** = sleep**ing**(슬리핑)
- 자는 중이다 = be sleeping(비 슬리핑)
- 나는 자는 중이다 = I'm sleeping.(아임 슬리핑)

이제 이 문장을 '자는 중이었다' 하고 과거로 말해야겠죠.
그렇게 하려면 am을 과거로 써 주면 돼요.
- 나는 자는 중이**었어.** = I **was** sleeping.(아이 워즈 슬리핑)

이제, '너는 나에게 전화했다'를 말해 볼게요.
- 전화하다 = call(콜)
- 전화했다 = called(콜드)
- 너는 전화했다 = You called.(유 콜드)
- 나에게 = me(미)
- 너는 나에게 전화했다 = You called me.(유 콜드 미)

별거 아니죠?^^ 이제 '너는 나에게 전화했다'를 어떻게 하면 '네가 나에게 전화했을 때' 로 바꿀 수 있을까요?

간단해요! '너는 나에게 전화하다'=you called me 앞에 when(웬)만 붙여 주면 됩니다.

- 너는 나에게 전화하다 = You called me.
- 네가 나에게 전화했을 때 = when you called me(웬 유 콜드 미)

when은 우리가 의문사를 배울 때 '언제'라는 뜻으로 배웠죠. 말 그대로 의문문일 때는 when이 '언제'라는 뜻으로 사용되지만, 의문문이 아닌 오늘과 같은 평서문일 때는

- when = ~때

라는 뜻으로 사용됩니다.

- 네가 나에게 전화했을 때 나는 자고 있는 중이었어.
   I was sleeping when you called me.
   (아이 워즈 슬리핑 웬 유 콜드 미)

이렇게 말해도 되고, when을 문장의 제일 처음으로 빼서
When you called me, I was sleeping.
이라고 말해 줘도 됩니다.

- 네가 놀고 있을 때 나는 공부하는 중이었어.
   I was studying when you played.
   (아이 워즈 스터딩 웬 유 플레이드)
   When you played, I was studying.
   (웬 유 플레이드, 아이 워즈 스터딩)

2-143. 직접 써볼까요?

■ 네가 그녀를 만나고 있을 때, 나는 거기에 있었어.

· 너는 그녀를 만나다.
➡ _____

· 네가 그녀를 만나고 있을 때
➡ _____

· 거기에
➡ there(데얼)

· 거기에 있었다.
➡ _____

· 나는 거기에 있었다.
➡ _____

· 네가 그녀를 만나고 있을 때 나는 거기에 있었다.
➡ _____

144강 나는 가을이 오면 설악산에 갈 거야.
I will go to Seoraksan when the fall comes.

["나는 가을이 오면 설악산에 갈 거야"를 배워보도록 할게요.]

'가을이 오면'을 먼저 말해 볼게요.

- (그) 가을 = the fall(더 폴)
- 오다 = come(컴)
- 가을이 오다 = the fall comes(더 폴 컴즈)

* the fall이라는 '가을'은 나도 아니고 너도 아닌 3인칭단수이니까 동사 뒤에 s를 붙여야 돼요.

143강에서 when을 '~때'라고 배웠었죠.
- 네가 나에게 전화했을 때
  When you called me(웬 유 콜드 미)

이 문장처럼 과거형 문장 앞에 when이 붙으면 이때의 when은 '~때'로 해석해 주고, 'the fall comes(더 폴 컴즈) = 가을이 오다' 현재형 앞에 when이 붙으면 이때의 when은 '~면'으로 해석해 줍니다.

- 가을이 오면 = when the fall comes(웬 더 폴 컴즈)

> - when + 과거문장 = ~때
> - when + 현재문장 = ~면

'나는 설악산에 갈 거야'

- 나는 ~할 거야 = I will(아 윌)
- ~에 가다 = go to(고 투)
- 설악산 = Seoraksan(설악산)
- 나는 설악산에 갈 거야 = I will go to Seoraksan.
   (아 윌 고투 설악산)

이제 정리해서 말해 볼까요?

- 나는 가을이 오**면** 설악산에 갈 거야.

   I will go to Seoraksan **when** the fall comes.

   (아 윌 고 투 설악산 웬 더 폴 컴즈)

이렇게 말해도 되고,

   When the fall comes, I will go to Seoraksan.

이라고 순서를 바꿔서 말해 줘도 돼요.

'**나는 서른이 되면 너랑 결혼할 거야**'라고 하나 더 연습해 볼까요?

- 나는 서른이다 = I'm 30.(아임 써리)
- 나는 서른이 되면 = when I'm 30(웬 아임 써리)
- 나는 너랑 결혼할 거야 = I will marry you.(아 윌 메리 유)
- 나는 서른이 되**면** 너랑 결혼할 거야.

   I will marry you **when** I'm 30.

   (아 윌 메리 유 웬 아임 써리)

   When I'm 30, I will marry you.

   (웬 아임 써리, 아 윌 메리 유)

2-144. 직접 써볼까요?

- **나는 가을이 오면 트렌치코트를 살 거야.**

  - (그) 가을이 오면
  ➡ _____

  - (하나의) 트렌치코트
  ➡ a trench coat(어 트렌치코트)

  - 나는 살 거야.
  ➡ _____

  - 나는 트렌치코트를 살 거야.
  ➡ _____

  - 나는 가을이 오면 트렌치코트를 살 거야.
  ➡ _____

145강 어떤 종류의 차를 좋아하세요?
What kind of car do you like?

["어떤 종류의 차를 좋아하세요?"를 배워보도록 할게요.]

오늘은 숙어 하나만 배우면 금방 문장을 만들 수 있어요.
숙어는 두 개 이상의 단어들이 모여 새로운 뜻을 만들어 주기 때문에 통째로 외워 주어야 한다 했죠. 띄어쓰기가 있는 조금 긴 단어라고 생각해 주면 돼요.

오늘 배울 숙어는 '어떤 종류의 ~을'입니다.

- 어떤 종류의 ~을 = What kind of(왓 카인드 오브)
- 차 = car(카)
- 어떤 종류의 차를 = What kind of car(왓 카인드 오브 카)

Q : 줄라이! 하나의 차는 a car라고 해 줘야 되는 것 아닌가요?
A : kind of 뒤에는 명사가 오는데, 이때 명사는 관사 없이 써줍니다.
Q : 왜요?
A : 관사 없이 명사를 쓰는 것은 딱히 이유가 없는 규칙이에요.
Q : 그럼 cars 하고 '차들'은 써도 되나요?
A : 아니요! kind of 다음엔 복수는 안 돼요! 무조건 단수만 쓸 수 있어요. 이것 또한 그렇게 사용하기로 한 규칙이에요.

- 어떤 종류의 가방 = What kind of bag(왓 카인드 오브 백)
- 어떤 종류의 과목 = What kind of subject(왓 카인드 오브 서브젝트)

what kind of + 단수명사
이때 명사 앞에는 관사를 붙이지 않는다.

- 좋아하다 = like(라익)
- 너는 좋아하다 = you like(유 라익)
- 너는 좋아하니? = Do you like?(두 유 라익?)

끝! 이제 연결해서 말해 볼까요?
- 너는 어떤 종류의 차를 좋아하니?
  What kind of car do you like?
  (왓 카인드 오브 카 두 유 라익?)

정말 너무 쉽죠?^^

2-145. 직접 써볼까요?

■ **어떤 종류의 음식을 좋아하세요?**

- 어떤 종류의 ~을
➡ _____

- 음식
➡ food(푸드)

- 너는 좋아해?
➡ _____

- 어떤 종류의 음식을 좋아하세요?
➡ _____

146강 나는 그가 어떤 유형의 여자를 좋아하는지 알아.
I know what kind of girl he likes.

["나는 그가 어떤 유형의 여자를 좋아하는지 알아"를 배워보도록 할게요.]

'나는 알다'를 먼저 말해 볼까요?
- 나는 알다 = I know.(아이 노우)

'어떤 유형(종류)의 여자'
- 어떤 종류의 ~을 = What kind of(왓 카인드 오브)
- 여자 = girl(걸)
- 어떤 종류의 여자 = what kind of girl(왓 카인드 오브 걸)

what kind of girl은 직역하면 '어떤 종류의 여자'가 되지만, 사람이니까 '종류'보다는 '유형'이라고 의역해 주는 것이 좋겠죠.

- 그는 좋아하다 = He likes.(히 라익스)
- 나는 그가 어떤 **종류의** 여자를 좋아하는지 알아.
  I know what **kind of** girl he likes.
  (아이 노우 왓 카인드 오브 걸 히 라익스)

이렇게 말해도 되고, 정확하게 '유형의'라는 뜻을 가지고 있는 단어가 있긴 해요.
- 어떤 **유형의** = what type of(왓 타입 오브)

- 나는 그가 어떤 **유형의** 여자를 좋아하는지 알아.
  I know what **type of** girl he likes.
  (아이 노우 왓 타입 오브 걸 히 라익스)

이렇게 말해 줘도 됩니다^^

- 나는 그가 어떤 **종류의** 여자를 좋아하는지 알아.

    I know what **kind of** girl he likes.

    I know what **type of** girl he likes.

둘 다 같은 말이고, 편한 것으로 사용해 주면 돼요.

> **what type of + 단수명사**
> **이때 명사 앞에는 관사를 붙이지 않는다.**

type of 또한 kind of와 마찬가지로 뒤에는 단수명사가 오는데 이때 명사 앞에는 관사를 붙이지 않습니다.

- 어떤 유형의 책 = What type of book(왓 타입 오브 북)
- 어떤 유형의 펜 = What type of pen(왓 타입 오브 펜)

2-146. 직접 써볼까요?

- 나는 그녀가 어떤 유형의 남자를 좋아하는지 알아.

· 나는 알아.
➡ _____

· 어떤 유형의 남자
➡ _____

· 그녀는 좋아하다.
➡ _____

· 나는 그녀가 어떤 유형의 남자를 좋아하는지 알아.
➡ _____

147강 나는 그녀가 무엇을 좋아하는지 몰라.
I don't know what she likes.

["나는 그녀가 무엇을 좋아하는지 몰라"를 배워보도록 할게요.]

'나는 알다'를 먼저 말해 볼까요?
- 나는 알다 = I know.(아이 노우)

'나는 모른다'는 어떻게 말하면 될까요? know라는 동사 앞에 don't만 넣어주면 되겠죠.
- 나는 모른다 = I don't know.(아이 돈 노우)
- 무엇 = what(왓)
- 그녀는 좋아한다 = she likes.(쉬 라익스)

벌써 다 말했네요. 연결해서 말해 볼까요?

- 나는 그녀가 무엇을 좋아하는지 몰라.
  I don't know what she likes.
  (아이 돈 노우 왓 쉬 라익스)

'나는 네가 어떤 종류의 음식을 좋아하는지 몰라'도 한번 말해 볼까요?
- 나는 모른다 = I don't know.(아이 돈 노우)
- 어떤 종류의 음식 = what kind of food(왓 카인드 오브 푸드)
- 너는 좋아한다 = you like(유 라익)
- 나는 네가 어떤 종류의 음식을 좋아하는지 몰라.
  I don't know what kind of food you like.
  (아이 돈 노우 왓 카인드 오브 푸드 유 라익)

이렇게 일반 동사를 부정할 때는 동사 앞에 don't을 붙인다는 거 잊지 않으셨죠?^^

· 하다 = do(두)
· 안 하다 = do not(두 낫)
* do not은 don't로 줄여 말할 수 있어요.

· 나는 좋아하다 = I like(아이 라익)
· 나는 안 좋아하다 / 싫어하다 = I don't like(아이 돈 라익)
· 그는 안 좋아하다 / 싫어하다 = He doesn't like(히 더즌 라익)
* 주어가 3인칭단수 일 때는 don't는 doesn't로 바뀌어요.
다시 한 번 머릿속에 정리해 주신 후 '직접 써볼까요?'를 해 보세요.

2-147. 직접 써볼까요?

■ 나는 그녀가 어떤 유형의 남자를 싫어하는지 알아.

· 나는 알아.
➡ _____

· 어떤 유형의 남자
➡ _____

· 그녀는 싫어하다.
➡ _____

· 나는 그녀가 어떤 유형의 남자를 싫어하는지 알아.
➡ _____

148강

나는 계속 아팠어.
I have been sick.

["나는 계속 아팠어"를 배워보도록 할게요.]

85강에서 '나는 지금까지 잤어'를 배웠었죠. 어떻게 말했었나요?
- 자다 = sleep(슬립)

* sleep-slept-slept

sleep의 완료형이 slept(슬랩)이고, slept 앞에 have(해브)를 붙여
- 나는 지금까지 잤어 = I have slept.(아이 해브 슬랩)

이렇게 말했었어요.

have(has)+동사완료형은 **과거의 한 시점에서 현재까지 쭉~ 이어져 온 상황**을 말한다면서 말이죠!

> **현재완료 = have(has) + 동사완료형**
> ＊ 주어가 3인칭 단수일 때는 has(해즈)를 쓴다.

이제, '**나는 아프다**'를 말해 볼까요?
- 아픈 = sick(씩)
- 아프다 = be sick(비 씩)
- 나는 아프다 = I'm sick.(아임 씩)

sleep의 완료형이 slept이었듯 be의 완료형은 무엇일까요?
be의 완료형은 been(빈)입니다.

뜻	현재	과거	완료
자다	sleep	slept	slept
~이다	be(am/are/is)	was/were	been

'나는 계속 아팠다'를 말해 볼까요?
완료형동사는 have를 써서
· 나는 (지금까지) 계속 아팠다.
   I have been sick.
   (아이 해브 빈 씩)
이렇게 말해 주면 되겠네요! 간단하죠?^^

〈정리〉
· I am sick. = 나는 아프다.
· I was sick. = 나는 아팠다.
· I have been sick. = 나는 계속 아팠다.

Q. 그럼, was sick이랑 have been sick이랑 둘 다 과거형처럼 해석되는데 무슨 차이인가요?

A. 'was sick=아팠다'는 아팠었는데 지금은 멀쩡한 상태라고 생각하면 되고, 현재완료는 과거에서 현재까지 쭉~ 이어져 온 상태라고 했죠. 'have been sick=계속 아팠다'는 계속 해서 지금까지도 상태가 별로 안 좋다는 미묘한 차이가 있어요^^

2-148. 직접 써볼까요?

- 바쁜
⮕ _____

- 나는 바빴다.
⮕ _____

- 나는 계속 바빴다.
⮕ _____

- 나는 바쁘다.
⮕ _____

- 너는 계속 바빴다.
⮕ _____

- 그녀는 계속 바빴다.
⮕ _____

[복습하기8(143~148강)]

1. 네가 나한테 전화했을 때 나는 자고 있는 중이었어.
   =

2. 네가 그녀를 만나고 있을 때, 나는 거기에 있었어.
   =

3. 나는 가을이 오면 설악산에 갈 거야.
   =

4. 나는 가을이 오면 트렌치코트를 살 거야.
   =

5. 어떤 종류의 차를 좋아하세요? =

6. 어떤 종류의 음식을 좋아하세요? =

7. 나는 그가 어떤 유형의 여자를 좋아하는지 알아.
   =

8. 나는 그녀가 어떤 유형의 남자를 좋아하는지 알아.
   =

9. 나는 그녀가 무엇을 좋아하는지 몰라. =

10. 나는 그녀가 어떤 유형의 남자를 싫어하는지 알아.
    =

11. 나는 계속 아팠어. =

12. 바쁜 =

    나는 바쁘다. =

    나는 바빴다. =

    나는 계속 바빴다. =

    너는 계속 바빴다. =

    그녀는 계속 바빴다. =

[복습하기8(143~148강)]

1. 네가 나한테 전화했을 때 나는 자고 있는 중이었어.
    = I was sleeping when you called me.
      When you called me, I was sleeping.
2. 네가 그녀를 만나고 있을 때, 나는 거기에 있었어.
    = I was there when you met her.
      When you met her, I was there.
3. 나는 가을이 오면 설악산에 갈 거야.
    = I will go to Seoraksan when the fall comes.
      When the fall comes, I will go to Seoraksan.
4. 나는 가을이 오면 트렌치코트를 살 거야.
    = I will buy a trench coat when the fall comes.
      When the fall comes, I will buy a trench coat.
5. 어떤 종류의 차를 좋아하세요? = What kind of car do you like?
6. 어떤 종류의 음식을 좋아하세요? = What kind of food do you like?
7. 나는 그가 어떤 유형의 여자를 좋아하는지 알아.
    = I know what kind of girl he likes.
      I know what type of girl he likes.
8. 나는 그녀가 어떤 유형의 남자를 좋아하는지 알아.
    = I know what kind of guy she likes.
      I know what type of guy she likes.
9. 나는 그녀가 무엇을 좋아하는지 몰라. = I don't know what she likes.
10. 나는 그녀가 어떤 유형의 남자를 싫어하는지 알아.
    = I know what type of guy she doesn't like.

[복습하기8(143~148강)]

11. 나는 계속 아팠어. = I have been sick.
12. 바쁜 = busy
    나는 바쁘다. = I'm busy.
    나는 바빴다. = I was busy.
    나는 계속 바빴다. = I have been busy.
    너는 계속 바빴다. = You have been busy.
    그녀는 계속 바빴다. = She has been busy.

149강 나는 미국에 가 본 적이 있어요.
I have been to America.

["나는 미국에 가 본 적이 있어요"를 배워보도록 할게요.]

148강에서 '(지금까지) ~했었다' 하고 과거에 있었던 일이 현재까지 미치고 있는 상황을 어떻게 말했었나요?

- have been(해브 빈) = (지금까지) ~했다.

이렇게 말했었죠. 그런데 이때 have been 뒤에 to(투)가 들어가면 '~에 갔다 온 적이 있다'라는 뜻이 돼요.

- **have been to(해브 빈 투) = (지금까지)~에 갔다 온 적이 있다.**

have been 뒤에 to가 붙는 순간 go가 없어도 '가다'라고 표현되어 '~에 갔다 온 적이 있다'라는 뜻이 돼요. 하나의 숙어로 생각해 주면 돼요.

- 미국 = America(어메리카)

연결해서 말해 볼까요?
- 나는 미국에 갔다 온 적이 있다.
  I have been to America.
  (아이 해브 빈 투 어메리카)

- have been = 지금까지 ~했다.
- to America = 미국에

이렇게 해석하면 안 되고,

- have been to = ~에 갔다 온 적이 있다.
- America = 미국

'미국에 갔다 온 적이 있다' 이렇게 have been 뒤에 to가 있는지, 없는지를 잘 봐주세요. have been to라고 써져 있으면 have been to를 하나의 숙어로 생각해 줘야 됩니다.

> **have been to + 장소 = ~ 장소에 가 본 적이 있다.**

- 나는 중국에 가 본 적이 있어요.
  I have been to China.
  (아이 해브 빈 투 차이나)

- 나는 일본에 가 본 적이 있어요.
  I have been to Japan.
  (아이 해브 빈 투 제팬)

2-149. 직접 써볼까요?

■ 나는 제주도에 가 본 적이 있어요.

· 제주도
➡ Jeju Island(제주 아일랜드)
· ~에 가 본 적이 있다.
➡
· 나는 제주도에 가 본 적이 있다.
➡

150강 너 여기서 잤어?
Have you slept here?

["너 여기서 잤어?"를 배워보도록 할게요.]

'나는 지금까지 잤어'라고 지금 막 끝난 상태를 말할 때 어떻게 말했었나요?

- 자다 = sleep(슬립) sleep-slept-**slept**
- 지금까지 잤다 = have slept(해브 슬랩)
- 나는 지금까지 잤다 = I have slept.(아이 해브 슬랩)

이렇게 have+동사완료를 이용하여 과거의 한 시점에서 현재까지도 나에게 미치고 있는 상황을 말할 때를 표현했었죠(#85강).

- 나는 지금까지 봤어 = I have seen.(아이 해브 씬)
- 나는 지금까지 살았어 = I have lived.(아이 해브 리브드)
- 나는 지금까지 공부했어 = I have studied.(아이 해브 스터디드)

뜻	현재형	과거형	완료형
자다	sleep	slept	slept
쓰다	write	wrote	written
살다	live	lived	lived
보다	see	saw	seen
하다	do	did	done
공부하다	study	studied	studied

〈동사완료표〉

이제 '너는 (지금까지) 여기에서 잤어?'라고 물어 볼까요?
주어와 have의 순서만 바꿔주면 되겠죠!

상대방에게 물어 보는 것이니까 I를 you로 바꿔줘야겠네요.

- 너는 (지금까지) 잤어? = Have you slept?(해 뷰 슬랩?)
- 여기 = here(히얼)
- 너는 (지금까지) 여기에서 잤어?
  Have you slept here?
  (해 뷰 슬랩 히얼?)

이렇게 말해 주면 되겠네요.

Q. 줄라이! 그럼, Did you sleep?(디 쥬 슬립?), Have you slept?(해 뷰 슬랩?) 둘 다 '너는 잤어?'라는 과거형인데 무슨 차이인가요?

A. 두 문장을 보면 잠을 자고 일어나긴 했죠. did you는 잠을 자고 일어난 시점이 오래 되었을 때(과거의 한 시점)이고, have you는 방금 자고 일어난 상태(과거의 한 시점부터 현재까지)를 말해요^^

2-150. 직접 써볼까요?

■ 너는 (지금까지) 열심히 공부했니?

· 공부하다(완료형).
➡ _____

· 너는 (지금까지) 공부했니?
➡ _____

· 열심히
➡ hard(할ㄷ)

· 너는 (지금까지) 열심히 공부했니?
➡ _____

151강 너는 내 블로그에 가 본 적 있니?
Have you been to my blog?

["너는 내 블로그에 가 본 적 있니?"를 배워보도록 할게요.]

영어는 무엇을 해야 잘할 수 있다고 했죠?
복습을 꾸준히 해 줘야 잘할 수 있다고 했었죠! 오늘도 역시 지난 시간에 배운 것들을 복습하면서 같이 문장을 만들어 볼게요.

- (지금까지) ~에 갔다 온 적이 있다. = Have been **to**(해브 빈 **투**)

이때 Have been to는 go가 없어도 '가다'라고 표현되어 '~에 갔다 온 적이 있다'라는 뜻이 된다 했었죠.

- 미국 = America(어메리카)
- 나는 미국에 갔다 온 적이 있다.
  I have been to America.
  (아이 해브 빈 투 어메리카)

하고 말했었죠. 그럼, 이 문장을 '너는 미국에 갔다 온 적 있니?'라는 의문문으로는 어떻게 말하면 될까요?
상대방에게 물어보는 것이니까 주어를 you로 바꾸고 주어와 have의 위치만 바꿔주면 되겠죠?

- 너는 미국에 가 본 **적 있니?**
  Have you been to America?
  (해 뷰 빈 투 어메리카?)

- 너는 **유럽**에 가 본 적 있니?

  Have you been to **Europe**?

  (해 뷰 빈 투 유럽?)

- 너는 **호주**에 가 본 적 있니?

  Have you been to **Australia**?

  (해 뷰 빈 투 오스트렐리아?)

- 그녀는 미국에 가 본 적 있니?

  Has she been to America?

  (해즈 쉬 빈 투 어메리카?)

* 주어가 3인칭 단수일 때는 have를 has로 바꿔야 되죠.

이제 정리가 됐다면 '**너는 내 블로그에 가 본 적 있니?**'를 어떻게 말하면 될까요?

- 너는 내 블로그에 가 본 적 있니?

  Have you been to my blog?

  (해 뷰 빈 투 마이 블로그?)

너무 쉽죠? 이 말은 우리말로 자연스럽게 의역하면, '**내 블로그에 와 본 적 있어?**'라는 말이 되겠네요.

171

2-151. 직접 써볼까요?

■ 그는 하와이에 가 본 적 있니?

- ~에 가 본 적 있니?
➡ _____

- 그는 ~에 가 본 적 있니?
➡ _____

- 하와이
➡ Hawaii(하와이)

- 그는 하와이에 가 본 적 있니?
➡ _____

152강 그녀는 미국에 가 버렸다.
She has gone to America.

["그녀는 미국에 가 버렸다"를 배워보도록 할게요.]

have been to(해브 빈 투)는 'go(고)=가다'라는 말이 포함되어 있지 않아도 'have been to=~에 갔다 온 적 있다'라는 말이 된다 했었죠. 그럼 have been to에 실제로 '가다'라는 단어를 쓰면 무슨 뜻이 될까요?

- 가다 = go – went – gone
- have gone to(해브 건 투) = ~에 가 버렸다.
- She has gone to(쉬 해즈 건 투) = 그녀는 ~에 가 버렸다.

* 주어가 3인칭 단수니까 have는 has로 변해요.

- 미국 = America(어메리카)
- 그녀는 미국에 가 버렸다.
  She has gone to America.
  (쉬 해즈 건 투 어메리카)

너무 간단하죠?^^
'have been to= ~에 갔다 온 적이 있다'라고 해서 현재 이곳에 있는 상황이지만, 'have gone to= ~에 가 버렸다'는 현재 이곳에 없는 상황이에요.

- have been to : 현재 이곳에 있다.
- have gone to : 현재 이곳에 없다.

잊어버리지 않기 위해 Steelhaert(스틸하트)의 유명한 노래! She's Gone(쉬즈 건)을 생각해 보면,

· She's gone(쉬즈 건) = 그녀는 갔다.

'그녀는 갔다' 하고 그녀가 떠나버린 상태죠. 떠나간 그녀를 그리워하며 부른 노래가 되겠네요.

'have gone to= ~가 버렸다' 잊지 않겠죠?^^

2-152. 직접 써볼까요?

■ 그는 프랑스에 가 버렸다.

· ~에 가 버렸다.
➡ _____

· 그는 ~에 가 버렸다.
➡ _____

· 프랑스
➡ France(프랜스)

· 그는 프랑스에 가 버렸다.
➡ _____

153강 나는 지금까지 일하고 있어.
I have been working.

["나는 지금까지 일하고 있어"를 배워보도록 할게요.]

- 일하다 = work(월크)
- 나는 일하다 = I work.(아이 월크)

이렇게 말했었죠. 그럼, '나는 일하는 중이야'는 어떻게 말했었나요? 우선, '일하는 중'을 먼저 말해 볼까요?

- 일하는 중 = working(월킹)
- 일하는 중이다 = be working(비 월킹)
- 나는 일하는 중이다 = I'm working.(아임 월킹)

하고 79강에서 배웠던 내용이죠.

I'm working. '나는 일하는 중이야'는 현재 상황을 이야기하고 있는 거죠? 오늘은 '예전부터 지금까지 쭉~ 나는 일하고 있는 중이었어' 하고 말하고 싶어요. 어떻게 말하면 될까요?

have+동사완료 = (지금까지) ~했다, 라고 해서
- have slept(해브 슬랩) = (지금까지) 잤다.
- have studied(해브 스터디드) = (지금까지) 공부했다를 통해 '현재까지 ~했다'를 배웠었어요.

그럼, I'm working. '나는 일하는 중이야'를 '나는 지금까지 일하는 중이야'로 어떻게 말하면 될까요?

175

우선 have를 써주고, am을 동사완료로 써주면 되겠죠!(#148강)

- **am의 동사완료 = been(빈)**
- 나는 지금까지 일하는 중이야.

    I have been working.

    (아이 해브 빈 월킹)

이렇게 말해 주면 되겠네요. 정말 간단하죠?

> · I am working.
> · I have been working.

정리 한번 해 볼까요?

have(has)+been+동사ing=지금까지 ~하고 있어

* 과거의 한 시점에서 현재까지도 진행되고 있는 상황을 표현할 때 써요.

- 나는 영어 공부하는 중이야.

    I'm studying English.

    (아임 스터딩 잉글리쉬)

* 현재 영어 공부를 하고 있는 상황

- 나는 지금까지 영어 공부하는 중이야.

    I **have been** studying English.

    (아이 해브 빈 스터딩 잉글리쉬)

* 과거에서부터 현재까지도 영어 공부를 하고 있는 상황

상황에 따라 적절하게 잘 써주면, 영어를 좀 더 잘해 보이는 듯이 사용할 수 있겠죠?^^

2-153. 직접 써볼까요?

■ 나는 지금까지 너를 기다리는 중이야.

· 나는 기다리는 중이야.
➡ _____

· 너를
➡ for you(포 유)

· 나는 너를 기다리는 중이야.
➡ _____

· 나는 지금까지 너를 기다리는 중이야.
➡ _____

154강 나는 너에 의해서 사랑받았다.
I was loved by you.

["나는 너에 의해서 사랑받았다"를 배워보도록 할게요.]

- 사랑하다 = love(러브)
- 사랑했다 = loved(러브드)

이제, '사랑받다'는 어떻게 말하면 될까요?
'사랑하다'의 **완료형**인 loved(러브드) **앞에 be만 붙여**주면 된답니다.

- 사랑받다 = be loved(비 러브드)
- 나는 사랑받다 = I be loved.(아이 비 러브드)

이때 be는 I를 만나 am으로 변하죠.
- 나는 사랑받다 = I'm loved.(아임 러브드)

이제 '나는 사랑받았다'는 어떻게 말하면 될까요?
am의 과거 was를 사용하면 되겠죠!

- 나는 사랑받았다 = I was loved.(아이 워즈 러브드)
- ~의해서 = by(바이)
- 너에 의해서 = by you(바이 유)

끝! 정리해서 말해 볼까요?
- 나는 너에 의해서 사랑받았다.
  I was loved by you.
  (아이 워즈 러브드 바이 유)

뜻	현재형	과거형	완료형
사랑하다	love	loved	loved
돕다	help	helped	helped
낳다	bear	bore	born

be+완료형 = ~되어지다

- be loved(비 러브드) = 사랑받다.
- be helped(비 헬프드) = 도움받다.
- be born(비 본) = 낳아지다.

영어에서는 '태어나다'라는 말이 없어요. 사람은 혼자서 태어나는 것이 아니고 부모님에 의해서 낳아지는 것이기 때문에 우리는 '태어나다'라고 말하지만, 영어에서는 '낳다'라는 말을 사용합니다.

- 나는 낳아지다 = I'm born.(아임 본)
- 나는 낳아졌다 = I was born.(아이 워즈 본)

이 말은, 즉 '나는 태어났다'라고 의역해 주면 되겠죠!

2-154. 직접 써볼까요?

■ 나는 1989년도에 태어났다.

· 나는 낳아지다.
➡ _____

· 나는 낳아졌다(태어났다).
➡ _____

· 1989년도에
➡ in 1989 (인 나인틴 에익틴 나인)

· 나는 1989년도에 태어났다.
➡ _____

* 숫자를 읽을 때는 19(나인틴)/89(에익틴 나인) 하고 두 자리씩 끊어 읽으면 돼요.

[복습하기9(149~154강)]

1. 나는 미국에 가 본 적이 있어요. =
2. 나는 제주도에 가 본 적이 있어요. =
3. 너 여기서 잤어? =
4. 너는 (지금까지) 열심히 공부했니? =
5. 너는 내 블로그에 가 본 적 있니? =
6. 그는 하와이에 가 본 적 있니? =
7. 그녀는 미국에 가 버렸다. =
8. 그는 프랑스에 가 버렸다. =
9. 나는 지금까지 일하고 있어. =
10. 나는 지금까지 너를 기다리는 중이야. =
11. 나는 너에 의해서 사랑받았다. =
12. 나는 1989년도에 태어났다. =

[복습하기9(149~154강)]

1. 나는 미국에 가 본 적이 있어요. = I have been to America.

2. 나는 제주도에 가 본 적이 있어요. = I have been to Jeju Island.

3. 너 여기서 잤어? = Have you slept here?

4. 너는 (지금까지) 열심히 공부했니? = Have you studied hard?

5. 너는 내 블로그에 가 본 적 있니? = Have you been to my blog?

6. 그는 하와이에 가 본 적 있니? = Has he been to Hawaii?

7. 그녀는 미국에 가 버렸다. = She has gone to America.

8. 그는 프랑스에 가 버렸다. = He has gone to France.

9. 나는 지금까지 일하고 있어. = I have been working.

10. 나는 지금까지 너를 기다리는 중이야. = I have been waiting for you.

11. 나는 너에 의해서 사랑받았다. = I was loved by you.

12. 나는 1989년도에 태어났다. = I was born in 1989.

155강 나는 1983년 5월 10일에 태어났다.
I was born on May 10th, 1983.

["나는 1983년 5월 10일에 태어났다"를 배워보도록 할게요.]

우리가 그동안 다 연습해 보았던 문장들이라 쉽게 말할 수 있는지 복습도 해 볼 겸 같이 말해 볼게요.

'나는 태어났다'를 먼저 말해 볼까요?

- ~이 되다 = be + 동사완료
- 낳다(동사완료) = born
- 낳아지다 = be born
- 낳아졌다 = was born
- 나는 태어났다 = I was born.(아이 워즈 본)
- 5월에 = in May(인 메이)
- 5월 10일에 = on May 10th(온 메이 텐쓰)

* '월'만 말할 때는 in(인) '월'과 '일'을 같이 말할 때는 on(온)을 쓴다 했었죠.

in + 월
on + 월, 일

- 1983년 = 1983(나인틴 에익틴쓰리)

끝났네요^^ 이제 정리해서 말해 볼까요?

183

- 나는 1983년 5월 10일에 태어났다.

  I was born on May 10th, 1983.

  (아이 워즈 본 온 메이 텐쓰, 나인틴 에익틴쓰리)

다 전에 배웠던 문장들이라 너무 쉽죠?

Q. 줄라이. 그런데 '내 생일은 1월 10일이야'라고 말할 때 "My birthday is January 10th" 라고 해서, 내 생일은 변하지 않는 것이기 때문에 on을 쓰지 않는다 했는데 생년월일도 변하지 않는데 여기서는 왜 on을 쓰나요?

A. on과 in은 '~에'라는 뜻이죠.
- 내 생일은 1월 10일이야 : 변하지 않는 날이면서 '~에'라는 말이 없기 때문에 on을 쓰지 않아요.
- 나는 1983년 5월 10일에 태어났다 : 변하지 않는 날이면서 지나간 많은 세월 중에 1983년 5월 10일이라는 특정 날짜에 포함되는 것이기 때문에 '~에'라는 뜻을 가진 on을 넣어줍니다.

※ 생일을 말할 때는 on을 쓰지 않고, 생년월일을 말할 때는 on을 사용합니다.

2-155. 직접 써볼까요?

■ 각자 태어난 생년월일을 한번 적어보세요.

- 나는 태어났다.
  ➡ _____

- 나는 00년도 0월 0일에 태어났다.
  ➡ _____

156강 나는 물을 원해요(공손한 표현).
I'd like some water.

["나는 물을 원해요(공손한 표현)"를 배워보도록 할게요.]

예문이 너무 쉽죠? 벌써 문장을 다 만든 분도 있을 텐데 같이 한번 해 볼게요.

- 원하다 = want(원트)
- 나는 원하다 = I want.(아이 원트)
- 물 = water(워러)
- 나는 물을 원하다 = I want water.(아이 원트 워러)

이렇게 말할 수 있겠죠.
그런데 여기에 문장을 조금 더 풍부하게 하려면 불확실한 수량 앞에 습관처럼 some(썸)을 붙인다 했었어요.

- 나는 물을 원해요 = I want some water.(아이 원 썸 워러)

헌데 오늘은 같은 말을 좀 더 공손하게 말할 수 있는 방법을 배워 볼 거예요.
I want some water를 보다 조금 더 부드럽고, 공손하게 말할 수 있는 방법!

would like(우드 라잌) = ~을 원해요

would like은 want와 같은 뜻이고, want보다는 공손한 표현이에요.

- 나는 물을 원해요 = I want some water.(아이 원 썸 워러)

- 나는 물을 원해요. = I **would like** some water.
  (아이 우드 라익 썸 워러)

이렇게 말해 줄 수 있겠죠.

그리고 I would는 I'd라고 줄여 말할 수 있어요.

I would = I'd

- 나는 물을 원해요 = I **want** some water.(아이 원 썸 워러)
- 나는 물을 원해요 = I **would like** some water.
  (아이 우드 라익 썸 워러)
- 나는 물을 원해요 = I**'d like** some water.(아이 드 라익 썸 워러)

어때요? 너무 쉽죠? 여러분들께서 그동안 기본을 잘해 주셔서 같은 말도 다양한 방법으로 쉽게 말할 수 있는 거예요. 이제 왜 기초가 중요한지 직접 느끼셨죠?

너무 쉽다고 그냥 넘어가지 말고 꼭 다시 한 번씩 전에 공부했던 것들을 정리해 주면서 공부하면 앞으로 영어 공부하는 데 큰 도움이 될 거예요^^

2-156. 직접 써볼까요?

- **나는 빵을 원해요(공손한 표현).**

· 나는 원해요(공손한 표현).
➡ _____

· 불확실한 수량 앞에 습관처럼 쓰는 것
➡ _____

· 빵
➡ _____

· 나는 빵을 원해요(공손한 표현).
➡ _____

157강

나는 여행 가고 싶어요(공손한 표현).
I'd like to travel.

["나는 여행 가고 싶어요(공손한 표현)"를 배워보도록 할게요.]

156강에서 우리가 want의 공손한 표현으로 would like를 배웠었죠.

· **would like + 명사 = 명사를 원해요**

라고 해서,

· I would like some water.(아이 우드 라익 썸 워러)
  = 나는 물을 원해요

이러한 표현을 배웠었어요. 그럼, '나는 여행 가고 싶어요'는 어떻게 말하면 될까요?

· 여행 가다 = travel(트래블)
· 나는 여행 가다 = I would **like travel.**(아이 우드 라익 트래블)

이렇게 말하면 될까요? 당연히 이렇게 말하면 안 되겠죠!

하나의 문장에는 동사가 하나만 있어야 하는데, 위의 문장을 보면 like은 '동사' travel 도 '동사'이기 때문에 동사+동사 이렇게 오면 안 되죠.
like 뒤에 travel이 오려면 travel은 like한테 허락을 받아야 돼요.

> travel : like야 내가 네 뒤에 와도 될까?
> like : 그래! 와도 돼. 그렇지만, 난 나랑 똑같은 모습이 싫으니
>   너 혼자 오지 말고 오고 싶으면, to를 데리고 와!

이렇게 허락을 받은 travel은 to을 데리고 와야 한다는 조건으로 like 뒤에 올 수 있어요. 정리해서 말해 볼까요?

- 나는 여행 가고 싶어요. = I would like to travel.
  (아이 우드 라익 투 트래블)

이렇게 말할 수 있겠네요^^

우리가 want를 배울 때
- 나는 원해요 = I want(아이 원트)
- 여행 가기를 = to travel(투 트래블)
- 나는 여행 가기를 원해요 = I want to travel.(아이 원트 투 트래블)

하고 배웠던 내용 중에 want를 would like으로만 바꿔준 거예요.

정리하면,

would like + 명사
would like to + 동사

이렇게 되겠네요. 참 쉽죠?
그리고 I would는 I'd로 줄여 말할 수 있는 것까지 다시 한 번 정리해 주세요.

- 나는 여행 가고 싶어요. = I'd like to travel.
  (아이 드 라익 투 트래블)

2-157. 직접 써볼까요?

■ 나는 쉬고 싶어요(공손한 표현).

· 나는 원해요(공손한 표현).
➡ _____

· 쉬다.
➡ take a rest(테익 어 레스트)

· 쉬기를
➡ _____

· 나는 쉬고 싶어요(공손한 표현).
➡ _____

158강 커피 드시겠어요? 아니면 차 드시겠어요?
Would you like some coffee? or tea?

["커피 드시겠어요? 아니면 차 드시겠어요?"를 배워보도록 할게요.]

'나는 커피를 원해요'를 먼저 말해 볼까요?
- 나는 커피를 원해요 = I would like some coffee.
  (아이 우드 라익 썸 커피)

'너는 커피를 원하니?'는 어떻게 말하면 될까요? would만 맨 앞으로 보내고 '너는'이라고 상대에게 묻는 것이니까 I를 you로 변경해서 말해 주면 되겠죠.

- 너는 커피를 원하니? = **Would you** like some coffee?
  (우쥬 라익 썸 커피?)

너무 쉽죠?
'아니면 차 드시겠어요?' 이 말도 해줘야 되죠.

- 아니면, 또는 = or(오얼)
- 차 = tea(티)

끝! 이제, 연결해서 말해 볼까요?

- 커피 원해요? **아니면** 차를 원해요?
  Would you like some coffee **or** tea?
  (우쥬 라익썸 커피 오얼 티?)

> would you like? = 너는 ~원하니?

or은 '또는', '아니면'이라는 말로
- A or B = A 또는 B, A 아니면 B 이렇게 말할 수 있어요.
너무 간단하죠?^^

2-158. 직접 써볼까요?

■ 물 마실래요? 아니면 주스 마실래요?

- 너는 원하니?
➡ _____

- 너는 물을 원하니?
➡ _____

- 아니면
➡ _____

- 주스
➡ _____

- 물 마실래요? 아니면 주스 마실래요?
➡ _____

159강 뭐 드실래요?
What would you like to have?

["뭐 드실래요?"를 배워보도록 할게요.]

이 말은 식당에서 종업원이 나에게 하는 말일 수도 있고, 내가 같이 온 누군가에게 물어볼 수도 있는 말이 되겠죠. 한번 해 볼까요?

- 너는 ~원하니?(공손한 표현) = Would you like?(우 쥬 라익?)
- Would you like + **명사** = 명사를 원하세요?
  　　　　　　　　　　　　　명사를 하시겠어요? 이렇게 사용됩니다.

오늘은 '뭐 드실래요?'라고 물어봐야 하니 '먹다'라는 말을 사용해야 하는데

- 먹다 = eat(잇)은 동사죠.

157강에서 Would you like 뒤에 '동사'가 오려면 like가 누구를 데려 오라 했었죠?

- 먹길 원해요? = Would you like to eat?
  　　　　　　　(우 쥬 라익 투 잇?)

'무엇을' 먹길 원해요? 이 말은, 즉 '뭐 드실래요?'라는 말이니까, '무엇'이라는 단어를 써주면 되겠죠.

- 무엇 = What(왓)

이러한 의문사 자리는 어디? 28강에서 의문사 자리는 문장의 제일 처음이라고 배웠었죠. 그럼 이제 연결해서 말해 볼게요.

- 무엇을 먹길 원해요? = What would you like to eat?
  (왓 우 쥬 라익 투 잇)

또는 '먹다'라는 말은 have로도 많이 사용된다 했었죠.

- 무엇을 먹길 원해요? = What would you like to have?
  (왓 우 쥬 라익 투 해브?)

이 말은 우리말로 자연스럽게 의역해서 '뭐 드실래요?'라는 말이 되겠네요. 정말 너무 쉽죠?^^

2-159. 직접 써볼까요?

■ 뭐 마실래요?

- 너는 ~원하니?
  ➡ _____

- 마시다.
  ➡ _____

- 너는 마시길 원하니?
  ➡ _____

- 무엇
  ➡ _____

- 뭐 마실래요?
  ➡ _____

160강 제가 저녁 해 드릴까요?
Would you like me to cook dinner?

["제가 저녁 해 드릴까요?"를 배워보도록 할게요.]

Would you like?(우 쥬 라익)은 '너는 ~원하니?'라는 말이었죠.
Would you like 뒤에 me(미)가 오면 무슨 말이 될까요?

- Would you like **me**?(우 쥬 라익 미?)
  = **내가** ~해 줄까? **내가** ~해 주길 원해? 라는 말이 됩니다.

- 요리하다 = cook(쿡)
- 저녁 = dinner(디너)
- 저녁 요리하다 = cook dinner(쿡 디너)

'저녁 요리하다'를 '저녁 요리 하기를'이라고 바꿔줘야 하는데 어떻게 하면 될까요?
cook이라는 동사 앞에 to를 붙이면 'to cook=요리하기를' 이라고 말할 수 있었죠!

- **to + 동사원형 = ~하기를**
- 저녁 요리하기를 = **to** cook dinner(투 쿡 디너)

이제, 연결해서 말해 볼게요.
- 내가 저녁 요리하기를 원하니?
  Would you like me to cook dinner?
  (우 쥬 라익 미 투 쿡 디너?)

이 말은 우리말로 의역해서 '내가 저녁 해 줄까?'라는 말로 사용된답니다.

195

- **내가** ~해 줄까? / 내가 ~해 주길 원해?
  Would you like **me** to~?
  (우 쥬 라익 미 투 ~?)

- **그녀가** ~해 줄까? / 그녀가 ~해 주길 원해?
  Would you like **her** to~?
  (우 쥬 라익 헐 투 ~?)

- **그가** ~해 줄까? / 그가 ~해 주길 원해?
  Would you like **him** to~?
  (우 쥬 라익 힘 투 ~?)

2-160. 직접 써볼까요?

■ 뭐 마실래요?

- 너는 ~원하니?
  ➡ _____

- 내가 ~해 줄까요?
  ➡ _____

- 노래하다.
  ➡ sing a song (씽어쏭)

- 노래하기를
  ➡ _____

- 제가 노래하기를 원해요?
  (제가 노래 불러 드릴까요?)
  ➡ _____

[복습하기10(155~160강)]

1. 나는 1983년 5월 10일에 태어났다. =

2. 물을 원해요(공손한 표현). =

3. 나는 빵을 원해요(공손한 표현). =

4. 나는 여행가고 싶어요(공손한 표현). =

5. 나는 쉬고 싶어요(공손한 표현). =

6. 커피 드실래요? 아니면 차 드실래요? =

7. 물 마실래요? 아니면 주스 마실래요? =

8. 뭐 드실래요? =

9. 뭐 마실래요? =

10. 제가 저녁 해 드릴까요? =

11. 제가 노래 불러 드릴까요? =

[복습하기10(155~160강)]

1. 나는 1983년 5월 10일에 태어났다. = I was born on May 10th, 1983.
2. 물을 원해요(공손한 표현). = I'd like some water.
3. 나는 빵을 원해요(공손한 표현). = I'd like some bread.
4. 나는 여행가고 싶어요(공손한 표현). = I'd like to travel.
5. 나는 쉬고 싶어요(공손한 표현). = I'd like to take a rest.
6. 커피 드실래요? 아니면 차 드실래요? = Would you like some coffee or tea?
7. 물 마실래요? 아니면 주스 마실래요? = Would you like some water or juice?
8. 뭐 드실래요? = What would you like to have?
9. 뭐 마실래요? = What would you like to drink?
10. 제가 저녁 해 드릴까요? = Would you like me to cook dinner?
11. 제가 노래 불러 드릴까요? = Would you like me to sing a song?

161강 나에게 물 좀 가져다줘.
Get me some water.

["나에게 물 좀 가져다줘"를 배워보도록 할게요.]

'얻다'라는 말은 영어로 어떻게 말했었죠?

- 얻다 = get(겟)

이라고 우리가 대표적으로 알고 있는 뜻이죠. 그런데 get은 '얻다'라는 말 말고도 다양한 뜻이 많이 있어요. 오늘의 get은 많은 뜻 중 하나인 **'가져다주다'** 라는 뜻으로 사용해 볼게요.

get을 '가져다주다'라는 말로 사용할 땐, 약간의 패턴이 있어요.

> **get + A(사람) + B(사물)**
> **= A에게 B를 가져다주다**

get 다음에 사람, 사물이 나와야 get이 '가져다주다'라는 뜻이 된답니다.
그럼, 한번 말해 볼까요?

- Get me water.(겟 미 워러)
       A   B

get 다음 me(미) '나'라는 사람이 나왔고 그 다음 water(워러)라는 '물'이 나왔죠. 'A에게 B를 가져다주다'라고 했으니 위의 문장은 어떻게 해석하면 될까요?

199

- Get me water. = 나에게 물을 가져다주다

라고 해석하면 되겠네요. 엄청 쉽죠?^^

이렇게 말해도 문장은 완벽하지만, water처럼 셀 수 없는 문장 앞에는 습관처럼 some을 넣어준다 했었죠.

- 물 좀 나에게 가져다줘

   Get me some water.

   (겟 미 썸 워러)

이렇게 말할 수 있겠네요^^

- 나에게 **내 가방** 좀 줘

   Get me **my bag.**

   (겟 미 마이 백)

- 나에게 **콜라** 좀 줘

   Get me some **coke.**

   (겟 미 썸 코크)

- 나에게 **맥주** 좀 줘

   Get me some **beer.**

   (겟 미 썸 비어)

2-161. 직접 써볼까요?

■ 나에게 신문 좀 가져다줘.

- 주다.
➡
- 나에게 가져다주다.
➡
- (하나의) 신문
➡
- 나에게 신문 좀 가져다줘.
➡

162강   강조할 때 쓰는 말 Just.

["강조할 때 쓰는 말 Just"를 배워보도록 할게요.]

Just(져스트)는 문맥에 따라 다양한 뜻으로 변하는데요, **문장을 강조하고 싶을 때** 쓰이는 추임새와 같은 느낌으로 쓰이기 때문에 대표적인 뜻으로는 **'단지, 꼭, 그냥'**이란 뜻으로 사용됩니다.

유명한 스포츠 브랜드의 '나이키'의 슬로건 Just do it.(져스트 두잇)이라는 말이 있어요. 여기서 Just는 무슨 말일까요?

- Just(져스트) = 강조하는 말
- do(두) = 하다
- it(잇) = 그것
- do it(두 잇) = 그것을 하다.
- **Just** do it(져스트 두잇) = **그냥**, 그것을 해!
                                             일단, 해 봐!

이러한 뜻이 되겠네요.
do it(두 잇) '그것을 하다'를 강조하기 위해 앞에 Just를 넣어 준 거예요. 스포츠 브랜드인 나이키는 스포츠에 도전하는 젊은이들에게 'Just do it!'이라는 말을 사용해서 **'그래! 한번 해 봐!', '그냥 해!', '일단 해 봐!'** 이러한 메시지를 전달하고 있는 거예요.

이렇게 Just라는 말은 여러 의미로 해석되기 때문에 한 단어로 정리하기 어려운 거랍니다. 그러니

Just를 하나의 단어로 정리하지 말고,

- Just = 강조할 때 쓰는 말이라고 알아두면 좋을 것 같아요.

그럼, 가수 이효리의 노래 'Just one 10minutes(져스트 원 텐미닛)'은 무슨 말일까요?

- 10minutes(텐미닛) = 10분
- one(원) = 하나
- one 10minutes(원 텐미닛) = 하나의 10분

이 말을 강조하기 위해 앞에 Just가 쓰인 것이죠?
- **Just** one 10minutes(져스트 원 텐미닛)
  = **딱!** 10분(이면)

이렇게 이효리 노래에서는 '단지, 10분', '그냥, 10분', '딱, 10분'이면 남자를 유혹할 수 있다는 메시지가 되겠네요.

이제 Just! 강조할 때 쓰는 말! 이라는 게 어떤 느낌인지 다들 아시겠죠?^^

2-162. 직접 써볼까요?

- 'Age is just a number.' 은 무슨 뜻일까요?
➡ _____

163강 미드 맘(Mom) 같이 보기.

["미드 Mom 같이 보기"를 배워보도록 할게요.]

오늘은 미드(미국 드라마) 중 Mom(맘)의 한 장면을 같이 보도록 해요.

* 이미지출처 : 미드 Mom

금발 머리의 여자가 '엄마'인데요, 지금 딸이 먹고 있는 아이스크림을 손으로 퍼먹는 장면이에요. 엄마가 자신의 아이스크림을 손으로 퍼먹자, 아이스크림을 들고 있던 딸이 엄마에게 말하네요.

> 딸 : Would you like me to get you a spoon?
> (우 쥬 라일 미 투 겟 유어 스푼?)
> 엄마 : No, I just wanted a taste.
> (노, 아이 져스트 원티드 어 테이스트)

우리가 전에 다 배웠던 문장들이죠! 같이 한번 해석해 볼게요.
우선 첫 번째 문장,

'Would you like me to get you a spoon?' 먼저 볼게요.

- Would you like = ~을 원해요? 라는 공손한 표현이었죠.
- Would you like **me** = 나에게 ~을 원해요?
  내가 ~을 해 줄까?
- get you a spoon = 너에게 스푼을 가져다주다
  (get + A + B' = A에게 B를 가져다주다)

이제, 'Would you get me a spoon?'이 무슨 말인지 알겠죠!

다음 문장을 볼게요.
'No, I just wanted a taste.'

- No = 아니
- a taste = 맛
- wanted = 원했다.
- wanted a taste = 맛을 원했다.
- just = 강조해 주는 말

이제 'No, I just wanted a taste.'가 무슨 말인지 알겠죠?^^
다 배웠던 문장들이라 별로 어렵지 않죠?
오늘 직접 써볼까요는 여러분들이 해석한 문장을 써 주세요~

2-163. 직접 써볼까요?

■ **다음 문장을 해석해 주세요.**

딸 : Would you like me to get you a spoon?
　　(우 쥬 라익 미 투 겟 유 어 스푼?)
엄마 : No, I just wanted a taste.
　　　(노, 아이 져스트 원티드 어 테이스트)

➡ 딸 : _____

➡ 엄마 : _____

164강 너는 꼭 조인성 같다.
You are just like 조인성.

["너는 꼭 조인성 같다"를 배워보도록 할게요.]

like(라익)는 무슨 뜻인가요?

· like(라익) = 좋아하다.

그런데 이 like가 be동사랑 쓰이면 뜻이 완전 새롭게 변해요.

$$\text{be like(비 라익) = ~같다}$$

라는 말이 됩니다. 그럼 끝! 오늘도 벌써 다 배웠네요.

· 너는 ~같다 = You be like(유 비 라익)

그런데 이때, be는 you를 만나서 are로 변하죠.

· 너는 ~같다 = You **are** like(유 아 라익)
· 꼭(강조) = just(져스트)
· 너는 **꼭** ~같다 = You are **just** like(유 아 져스트 라익)
· 너는 꼭 조인성 같다 = You are just like 조인성
　　　　　　　　　(유 아 져스트 라익 조인성)

이렇게 말할 수 있겠네요. 너무 간단하죠?

· I **like** 조인성 = 나는 조인성을 **좋아한다**.
· You **are like** 조인성 = 너는 조인성 **같다**.

같은 like이지만 뜻이 완전히 다르죠? 앞에 be가 있고 없고의 차이랍니다. 헷갈리지 말고 다양한 문장을 만들어서 자주 사용해 보세요^^

- 너는 꼭 그 **같다**(너는 꼭 그를 **닮았다**).
  You are just like him.
  (유 아 져스트 라익 힘)

- 너는 꼭 나 같다(너는 꼭 나를 닮았다).
  You are just like me.
  (유 아 져스트 라익 미)

- 너는 꼭 그녀 같다(너는 꼭 그녀를 닮았다).
  You are just like her.
  (유 아 져스트 라익 헐)

※ '~같다'라는 말은 문장에 따라 우리말로 유연하게 '~닮았다'라고 해석할 수 있어요^^

2-164. 직접 써볼까요?

■ 그녀는 꼭 고양이 같다.

- ~같다.
➡ _____

- 그녀는 ~같다.
➡ _____

- 꼭
➡ _____

- (하나의) 고양이
➡ _____

- 그녀는 꼭 고양이 같다.
➡ _____

165강
네가 나에게 거짓말을 해서, 나는 화가 났다.
You lied to me so, I was angry.

["네가 나에게 거짓말을 해서 나는 화가 났다"를 배워보도록 할게요.]

'너는 나에게 거짓말을 했다'를 먼저 말해 보도록 할게요.

- 거짓말 하다 = lie(라이)
- 거짓말 **했다** = lie**d**(라이드)
- 너는 거짓말 했다 = You lied(유 라이드)
- 나에게 = to me(투 미)
- 너는 나에게 거짓말 했다.
  You lied to me.
  (유 라이드 투 미)

이렇게 말해 주면 되겠죠? 이제 '나는 화가 났다'를 말해 볼까요?

- 화난 = angry(앵그리)
- 화가 나다 = be angry(비 앵그리)
- 나는 화가 나다 = I'm angry.
  (아임 앵그리)
- 나는 화가 났다 = I was angry.(아이 워즈 앵그리)

* 영문법 시제에서 정확하게 말하면 I was angry인데 회화체에선 I am angry라고 해 줘도 괜찮아요.

이렇게 문장을 따로 따로 잘 만들었는데 이 두 문장을 어떻게 하면 하나의 문장으로 만들 수 있을까요?

방법은! 문장과 문장 사이에 '그래서'라는 말을 넣어 주면 됩니다!^^

- **그래서 = so(쏘)**

- 네가 나에게 거짓말을 해서 나는 화가 났다.
  You lied to me **so,** I was angry.
  (유 라이드 투 미 쏘, 아임 앵그리)

너무 간단하죠?^^

2-165. 직접 써볼까요?

■ 나는 커피를 먹고 싶어서 스타벅스에 갔다.

· 나는 원했었다.
➡ _____

· 커피 마시기를
➡ _____

· 나는 커피 마시기를 원했었다.
➡ _____

· 그래서
➡ _____

· 나는 갔었다.
➡ _____

· 스타벅스
➡ _____

· 나는 커피를 마시고 싶어 스타벅스에 갔다.
➡ _____

166강 즐거운 추석 보내세요.
Have a good Chuseok.

["즐거운 추석 보내세요"를 배워보도록 할게요.]

'추석'은 영어로 뭘까요?
추석은 영어로 'Chuseok(추석)'이에요. 한국에만 있는 명절이기 때문에 고유 명사로 사용해요.

· 추석 = Chuseok(추석)

그럼 외국인 친구가 이렇게 물어 볼 수도 있겠네요?

· A : What is the Chuseok?(왓 이즈 더 추석?)
　　추석이 무엇입니까?

외국에는 '추석'이라는 말은 없지만, 추석과 비슷한 '추수감사절'이라는 날이 있어요. 그럼, '추수감사절과 같아' 이렇게 대답해 주면 되겠네요.

· 추수감사절 = Thanksgiving Day(땡스기빙 데이)
· ~같다 = be like
· 추석은 추수감사절과 **같다.**
　Chuseok **is like** Thanksgiving Day.
　(추석 이즈 라익 땡스기빙 데이)

> A : 추석이 무엇입니까?
> What is the Chuseok?
> (왓 이즈 더 추석?)
> B : 추석은 추수감사절과 같아요.
> Chuseok is like Thanksgiving Day.
> (추석 이즈 라잌 땡스기빙 데이)

이제, '즐거운 추석 보내세요'라는 말을 해 볼까요?

· 행복한 = happy(해피)
· 행복한 추석 보내세요
  Happy Chuseok.
  (해피 추석)
  Happy Thansksgiving.
  (해피 땡스기빙)

· 가지다 = have(해브)
· 좋은 = good(굿)
· (하나의) 좋은 추석 = a good Chuseok(어 굿 추석)
· 좋은 추석 가지세요 **(추석 잘 보내세요)**.
  Have a good Chuseok.
  (해브 어 굿 추석)

이 말은, 즉 우리말로 자연스럽게 의역해서 '추석 잘 보내세요'라는 말이 된답니다.

[복습하기11(161~166강)]

1. 나에게 물 좀 가져다줘. =

2. 나에게 신문 좀 가져다줘. =

3. 'Age is just a number.'은 무슨 뜻일까요? =

4. 다음 문장을 해석해 주세요.
   딸 : Would you like me to get you a spoon?
   엄마 : No, I just wanted a taste.
   딸 :
   엄마 :

5. 너는 꼭 조인성 같다. =

6. 그녀는 꼭 고양이 같다. =

7. 네가 나에게 거짓말을 해서, 나는 화가 났다.
   =

8. 나는 커피를 먹고 싶어서 스타벅스에 갔다.
   =

9. 추석은 추수감사절과 같다. =

10. 즐거운 추석 보내세요. =

[복습하기11(161~166강)]

1. 나에게 물 좀 가져다줘. = Get me some water.

2. 나에게 신문 좀 가져다줘. = Get me a newspaper.

3. 'Age is just a number.'은 무슨 뜻일까요? = 나이는 단지 숫자일 뿐.

4. 다음 문장을 해석해 주세요.

   딸 : Would you like me to get you a spoon?

   엄마 : No, I just wanted a taste.

   딸 : 제가 스푼 가져다 드릴까요?

   엄마 : 아니, 그냥 맛만 본거야.

5. 너는 꼭 조인성 같다. = You are just like 조인성.

6. 그녀는 꼭 고양이 같다. = She is just like a cat.

7. 네가 나에게 거짓말을 해서, 나는 화가 났다.

   = You lied to me so, I was angry.

      You lied to me so, I'm angry.(회화체)

8. 나는 커피를 먹고 싶어서 스타벅스에 갔다.

   = I wanted to drink coffee so, I went to Starbucks.

9. 추석은 추수감사절과 같다. = Chuseok is like Thanksgiving Day.

10. 즐거운 추석 보내세요. = Have a good Chuseok.

167강 너는 어제 얼마나 공부했니?
How long did you study yesterday?

["너는 어제 얼마나 공부했니?"를 배워보도록 할게요.]

- 얼마나 (오래) = How long(하우 롱)

'얼마나'라는 말은 How long(하우 롱)이라고 합니다.
- 어떻게 = How(하우)
- 길다 = long(롱)

이라는 뜻을 가지고 있다고 해서 '어떻게 길다' 하고 생각하면 안 되고, 'How long' 전체를 띄어쓰기가 있는 하나의 단어라고 생각해 주세요.

How long에서 long은 '길이가 길다'라는 '긴'이 아니고 **'시간이 길다'라는 '긴'**의 의미로 사용되기 때문에 문장에 따라서 '얼마나'라고만 해석해 줘도 되고, '얼마나 오래'라고 해석해 줘도 상관없어요.

- 공부 = study(스터디)
- 너는 공부하다 = You study(유 스터디)
- 너는 공부하니? = Do you study?(두 유 스터디?)

이제 이 말을 '너는 공부했니?' 하고 과거로 바꿔주려면, Do의 과거 Did를 사용하면 되겠죠.

- 너는 공부**했니?** = **Did** you study?(디 쥬 스터디?)
- 어제 = yesterday(예스터데이)

끝! 다 배웠네요^^ 이제 다시 한 번 정리해서 말해 볼까요?

- 너는 어제 얼마나 공부했니?

    How long did you study yesterday?

    (하우 롱 디쥬 스터디 예스터데이?)

이렇게 말해 주면 되겠네요.
오늘도 정말 별거 아니었죠?

- 너는 어제 얼마나 **울었**니?

    How long did you **cry** yesterday?

    (하우 롱 디 쥬 크롸이 예스터데이?)

- 너는 **내일** 얼마나 공부할 거야?

    How long will you study **tomorrow**?

    (하우 롱 윌 유 스터디 투마로우?)

- 당신의 **휴가**는 얼마나 되나요?

    How long is your **vacation**?

    (하우 롱 이즈 유어 베케이션)

2-167. 직접 써볼까요?

■ **너는 어제 얼마나 운동했니?**

· 얼마나
➡ _____

· 너는 ~했니?
➡ _____

· 운동
➡ _____

· 너는 운동했니?
➡ _____

· 어제
➡ _____

· 너는 어제 얼마나 운동했니?
➡ _____

168강 나는 7시에 일어난 후 샤워를 한다.
After I get up at 7, I take a shower.

["나는 7시에 일어난 후 샤워를 한다"를 배워보도록 할게요.]

우선 '나는 7시에 일어나다'를 먼저 말해 볼까요?

- 일어나다 = get up(게럽)
- 7시에 = at 7(엣 세븐)
- 나는 7시에 일어나다 = I get up at 7.(아이 게럽 엣 세븐)

이제 '나는 7시에 일어난 후'라고 했으니 '~후에'라는 말은 어떻게 말할까요?

- ~후 = After(에프터)

이 after는 문장의 제일 처음에 넣어 주기만 하면 돼요.

- 나는 7시에 일어난 후,
  After I get up at 7,

- 샤워 = shower(샤워)
- 샤워하다 = take a shower(테익 어 샤워)
- 나는 샤워하다 = I take a shower.(아이 테익 어 샤워)

다 배웠네요^^ 문장을 연결해서 말해 볼까요?

- 나는 7시에 일어난 후 샤워를 한다.
  After I get up at 7, I take a shower.
  (에프터 아이 게럽 엣 세븐, 아이 테익 어 샤워)

그런데 '나는 7시에 일어난 후 샤워를 한다'라는 말에서 중심이 되는 문장은 무엇인가요?

몇 시에 일어났건 일어난 후 샤워를 한다고 하는 것이니 '샤워를 합니다'가 중심이 되는 말이 되겠죠. 영어에서는 대부분 중요한 문장이 처음에 온다고 했으니 이 문장은

> After I get up at 7, I take a shower.
> I take a shower after I get up at 7.

이렇게 문장의 순서를 바꿔서 말해 줘도 상관없어요.
하나 더 연습해 볼까요?

'나는 학교에 간 후 수업을 듣습니다.'
- 나는 학교에 가다 = I go to school.(아이 고 투 스쿨)
- 나는 학교에 간 후 = After I go to school(에프터 아이 고 투 스쿨)
- 수업을 듣다/받다 = take a class(테익 어 클래스)
- 나는 수업을 듣다/받다 = I take a class(아이 테익 어 클래스)

> - 나는 학교에 간 후 수업을 듣습니다.
> After I go to school, I take a class.
> I take a class after I go to school.

이렇게 말해 주면 되겠죠?
연습해 보고 발음하기 편한 것으로 말해 주면 되겠네요.

2-168. 직접 써볼까요?

■ **너는 어제 얼마나 운동했니?**

· 나는 수업을 받다.
➡ _____

· 나는 수업을 받은 후
➡ _____

· 집에 간다.
➡ go home(고 홈)

· 나는 집에 간다.
➡ _____

· 나는 수업을 받은 후 집에 갑니다.
➡ _____

169강 나는 7시에 일어난 후 샤워할 거야.
After I get up at 7, I will take a shower.

["나는 7시에 일어난 후 샤워할 거야"를 배워보도록 할게요.]

168강에서는 '~한 후 ~한다'라고 현재형으로 말했었죠.
오늘은 '~한 후 ~할 거야'라고 미래형으로 말해 보도록 할게요.

- 나는 7시에 일어나다 = I get up at 7.(아이 게럽 엣 세븐)
- 나는 7시에 일어난 **후** = **After** I get up at 7,
  (에프터 아이 게럽 엣 세븐,)
- 나는 샤워를 한다 = I take a shower.(아이 테익 어 샤워)

그런데 오늘은 '샤워할 거야'라고 미래형으로 말하기로 했죠.
- ~할거야 = will
- 나는 샤워**할 거야** = I **will** take a shower.
  (아 윌 테익 어 샤워)

'~할 거야'라는 말은 will이었죠. will을 위의 문장에서처럼 take 앞에 넣어 주기만 하면 되겠네요. 너무 간단하죠? 이제, 문장을 연결해서 말해 볼게요.

- 나는 7시에 일어난 후, 샤워할 거야.
  After I get up at 7, I will take a shower.
  I will take a shower **after** I get up at 7.

이렇게 168강에서 배웠던 것처럼, 문장을 반대로 바꿔서 말해도 된다는 것까지 기억해 주세요^^

- 나는 학교에 간 **후,** 수업을 들을 거야

    After I go to school, I will take a class.
    (에프터 아이 고 투 스쿨, 아 윌 테익 어 클래스)
    I will take a class **after** I go to school.
    (아 윌 테익 어 클래스 에프터 아이 고 투 스쿨)

- 나는 수업 받은 **후,** 집에 갈 거야

    After I take a class, I will go home.
    (에프터 아이 테익 어 클래스, 아 윌 고 홈)
    I will go home **after** I take a class.
    (아 윌 고 홈 에프터 아이 테익 어 클래스)

2-169. 직접 써볼까요?

■ 나는 집에 간 후, 저녁 먹을 거야.

- 나는 집에 간다.
  ➡ _____

- 나는 집에 간 후
  ➡ _____

- 저녁을 먹다.
  ➡ have dinner(해브 디너)

- 나는 저녁을 먹다.
  ➡ _____

- 나는 저녁을 먹을 거야.
  ➡ _____

- 나는 집에 간 후 저녁을 먹을 거야.
  ➡ _____

170강 나는 7시에 일어난 후 샤워했어요.
After I got up at 7, I took a shower.

["나는 7시에 일어난 후 샤워했어요"를 배워보도록 할게요.]

· 나는 7시에 일어나다 = I get up at 7.(아이 게럽 엣 세븐)

오늘 문장 '나는 7시에 일어난 후 샤워했어요'는 샤워한 일보다 7시에 일어난 일이 훨씬 전 일이죠.

그럼 말은 '일어난 후'라고 했지만, 영어로 말할 때는 get(겟)의 과거 got(갓)을 이용해서 말해 줘야 해요.

· 나는 7시에 일어났다 = I got up at 7.(아이 가럽 엣 세븐)
· 나는 7시에 일어 난 후 = After I got up at 7,
　　　　　　　　　　　(에프터 아이 가럽 엣 세븐)
· 나는 샤워하다 = I take a shower.(아이 테익 어 샤워)
· 나는 샤워했다 = I took a shower.(아이 툭 어 샤워)
* take의 과거 took

이제, 연결해서 말해 볼까요?

· 나는 7시에 일어난 후에 샤워했다.
　After I got up at 7, I took a shower.
　(에프터 아이 가럽 엣 세븐, 아이 툭 어 샤워)
　I took a shower after I got up at 7.
　(아이 툭 어 샤워 에프터 아이 가럽 엣 세븐)

* 7시에 일어난 것은 샤워를 하기 전이니까 After가 들어간 문장에서도 과거로 말해 줘야 해요!

하나 더 연습해 볼까요?

- 나는 학교에 간 후, 수업을 들었다.
  After I went to school, I took a class.
  (에프터 아이 웬 투 스쿨, 아이 툭 어 클래스)
  I took a class after I went to school.
  (아이 툭 어 클래스 에프터 아이 웬 투 스쿨)

* go의 과거 went

2-170. 직접 써볼까요?

■ 나는 저녁을 먹은 후 운동을 했다.

- 나는 저녁을 먹었다.
  ➡ _____

- 저는 저녁을 먹은 후
  ➡ _____

- 나는 운동을 했다.
  ➡ _____

- 나는 저녁을 먹은 후 운동을 했다.
  ➡ _____

171강 나는 아침을 먹기 전에 물을 마셔요.
Before I have breakfast, I drink some water.

["나는 아침을 먹기 전에 물을 마셔요"를 배워보도록 할게요.]

- 나는 아침을 먹다 = I have breakfast.
  (아이 해브 브랙퍼스트)

'~후에'는 After(에프터)라고 했는데, '~전에'라는 말은 어떻게 할까요?
- ~전 = Before(비포)

- 나는 아침을 먹기 전에
  Before I have breakfast,
  (비포 아이 해브 브랙퍼스트,)
- 나는 마시다 = I drink(아이 드링크)
- 나는 물을 마시다 = I drink some water.(아이 드링 썸 워러)
* some은 정확하지 않은 수량 앞에 습관처럼 붙이는 것.

이제, 연결해서 말해 볼까요?

- 나는 아침을 먹기 전에 물을 마셔요.
  Before I have breakfast, I drink some water.
  (비포 아이 해브 브랙퍼스트, 아이 드링 썸 워러) 또는,
  I drink some water before I have breakfast.
  (아이 드링 썸 워러 비포 아이 해브 브랙퍼스트)

이렇게 말해 주면 되겠네요. After 할 때 해 보았던 것들이라 더 쉽죠?

그럼, 연습 하나 더 해 볼까요?

'나는 수영하기 전에 준비운동을 해요'를 말해 볼게요.

- 수영하다 = swim(스윔)
- 나는 수영하다 = I swim(아이 스윔)
- 나는 수영하기 전에 = Before I swim,(비포 아이 스윔)
- **준비운동하다 = warm up(웜업)**
- 나는 준비운동하다 = I warm up.(아이 웜 업)
- 나는 수영하기 전에 준비운동을 해요.

    Before I swim, I warm up.

    (비포 아이 스윔, 아이 웜 업) 또는,

    I warm up before I swim.

    (아이 웜 업 비포 아이 스윔)

이렇게 말해 주면 되겠죠^^

2-171. 직접 써볼까요?

■ 나는 잠자기 전에 책을 읽어요.

- 잠을 자다.
⇒ go to bed(고 투 베드)
- 나는 잠을 자다.
⇒ _____
- 나는 잠자기 전에
⇒ _____
- 나는 읽다.
⇒ _____
- (하나의) 책
⇒ _____
- 나는 잠자기 전에 책을 읽어요.
⇒ _____

172강

나는 아침을 먹기 전에 물을 마실 거야.
Before I have breakfast, I will drink some water.

["나는 아침을 먹기 전에 물을 마실 거야"를 배워보도록 할게요.]

이번엔 미래형을 배우겠지? 하고 다들 예상하셨죠?
항상 하는 말이지만, 아무리 쉬운 문장이라도 반복이 가장 중요해요. 너무 쉽네 하고 그냥 넘어가지 마시고 내 입에서 이 문장이 1초 만에 바로 나올 수 있도록 많이 연습해 주세요.

- ~전에 = Before(비포)
- 나는 아침을 먹다 = I have breakfast.(아이 해브 브랙퍼스트)
- ~할거야 = will(윌)
- 나는 물 마실 거야 = I will drink some water.
  (아 윌 드링 썸 워러)
- 나는 아침을 먹기 전에 물을 마실 거야.
  Before I have breakfast, I will drink some water.
  (비포 아이 해브 브랙퍼스트, 아 윌 드링 썸 워러)
  I will drink some water before I have breakfast.
  (아 윌 드링 썸 워러 비포 아이 해브 브랙퍼스트)

며칠 동안 계속 해 오던 거라 너무 쉽죠?^^

- 나는 수영하기 전에 준비운동을 할 거야.
  Before I swim, I will warm up.
  I will warm up before I swim.

- 나는 잠자기 전에 책을 볼 거야.
  Before I will go to bed, I read a book.
  I read a book before I will go to bed.

2-172. 직접 써볼까요?

■ 나는 그녀를 만나기 전에 꽃을 살 거야.

- 나는 만나다.
➡ _____

- 나는 그녀를 만나다.
➡ _____

- 나는 그녀를 만나기 전에
➡ _____

- 나는 살 거야.
➡ _____

- 꽃들
➡ _____

- 나는 꽃을 살 거야.
➡ _____

- 나는 그녀를 만나기 전에 꽃을 살 거야.
➡ _____

[복습하기12(167~172강)]

1. 너는 어제 얼마나 공부했니? =

2. 너는 어제 얼마나 운동했니? =

3. 나는 7시에 일어난 후 샤워를 한다.
   =

4. 나는 수업을 받은 후 집에 갑니다.
   =

5. 나는 7시에 일어난 후에 샤워할 거야.
   =

6. 나는 집에 간 후 저녁을 먹을 거야.
   =

7. 나는 7시에 일어난 후 샤워했어요.
   =

8. 나는 저녁을 먹은 후 운동을 했다.
   =

9. 나는 아침을 먹기 전에 물을 마셔요.
   =

10. 나는 잠자기 전에 책을 읽어요.
    =

11. 나는 아침을 먹기 전에 물을 마실 거야.
    =

12. 나는 그녀를 만나기 전에 꽃을 살 거야.
    =

복습하기12(167~172강)]

1. 너는 어제 얼마나 공부했니? = How long did you study yesterday?

2. 너는 어제 얼마나 운동했니? = How long did you exercise yesterday?

3. 나는 7시에 일어난 후 샤워를 한다.
   = After I get up at 7, I take a shower.
   I take a shower after I get up at 7.

4. 나는 수업을 받은 후 집에 갑니다.
   = After I take a class, I go home.
   I go home after I take a class.

5. 나는 7시에 일어난 후에 샤워할 거야.
   = After I get up at 7, I will take a shower.
   I will take a shower after I get up at 7.

6. 나는 집에 간 후 저녁을 먹을 거야.
   = After I go home, I will have dinner.
   I will have dinner after I go home.

7. 나는 7시에 일어난 후 샤워했어요.
   = After I got up at 7, I took a shower.
   I took a shower after I got up at 7.

8. 나는 저녁을 먹은 후 운동을 했다.
   = After I had dinner, I exercised.
   I exercised after I had dinner.

9. 나는 아침을 먹기 전에 물을 마셔요.
   = Before I have breakfast, I drink some water.
   I drink some water before I have breakfast.

[복습하기12(167~172강)]

10. 나는 잠자기 전에 책을 읽어요.
    = Before I go to bed, I read a book.
      I read a book before I go to bed.
11. 나는 아침을 먹기 전에 물을 마실 거야.
    = Before I have breakfast, I will drink some water.
      I will drink some water before I have breakfast.
12. 나는 그녀를 만나기 전에 꽃을 살 거야.
    = Before I meet her, I will buy some flowers.
      I will buy some flowers before I meet her.

173강 나는 아침을 먹기 전에 물을 마셨다.
Before I had breakfast, I drank some water.

["나는 아침을 먹기 전에 물을 마셨다"를 배워보도록 할게요.]

이번 문장도 After 할 때 다 만들었던 문장이라 너무 쉽죠?
같이 한번 해 볼게요.

- ~전에 = Before(비포)
- 나는 아침을 먹다 = I have breakfast.(아이 해브 브랙퍼스트)
- 나는 아침을 **먹었다** = I **had** breakfast.(아이 해드 브랙퍼스트)

* have의 과거 had

- 아침을 먹기 전에 = Before I had breakfast,
  (비포 아이 해드 브랙퍼스트)
- 나는 물을 마시다 = I drink some water.
  (아이 드링 썸 워러)
- 나는 물을 **마셨다** = I **drank** some water.
  (아이 드랭 썸 워러)

*drink의 과거 drank

이제, 연결해서 말해 볼까요?
- 나는 아침을 먹기 전에 물을 마셨다.
  Before I **had** breakfast, I **drank** some water.
  (비포 아이 해드 브랙퍼스트, 아이 드랭 썸 워러)
  I **drank** some water before I **had** breakfast.
  (아이 드랭 썸 워러 비포 아이 해드 브랙퍼스트)

- 나는 잠자기 전에 책을 봤었다.

  Before I went to bed, I read a book.

  I read a book before I went to bed.

※ read-read-read (리드-레드-레드)

'읽다'의 과거는 read라고 쓰지만 발음은 '레드'라고 읽습니다.

- 나는 그녀를 만나기 전에 꽃을 샀었다.

  Before I met her, I bought some flowers.

  I bought some flowers before I met her.

2-173. 직접 써볼까요?

■ 나는 너를 만나기 전에 영어 공부를 열심히 했다.

- 나는 너를 만났다.
▶ _____

- 나는 너를 만나기 전에
▶ _____

- 나는 영어 공부했다.
▶ _____

- 열심히
▶ hard(할드)

- 나는 영어 공부를 열심히 했다.
▶ _____

- 나는 너를 만나기 전에 영어 공부를 열심히 했다.
▶ _____

174강 나는 일어나자마자 그에게 전화를 합니다.
As soon as I get up, I call him.

[``나는 일어나자마자 그에게 전화를 합니다''를 배워보도록 할게요.]

as(에즈)는 무슨 뜻이었나요?

· as(에즈) = ~처럼, ~만큼

대표적으로 이런 뜻을 가지고 있었죠.

그래서 우리가 '그녀는 김태희처럼 예쁘다'라고 말할 때
· 김태희처럼 = as 김태희
· 그녀는 예쁘다 = She is pretty.(쉬 이즈 프리티)
· 그녀는 예쁘다 김태희만큼
　　She is pretty. as 김태희
　　(쉬 이즈 프리티. 에즈 김태희)

그런데, 중간에 .(마침표)를 빼주려면 어떻게 한다 했었죠?

· 그녀는 김태희처럼 예쁘다.
　　She is as pretty as 김태희.
　　(쉬 이즈 에즈 프리티 에즈 김태희)

하고 pretty 앞에 as를 한 번 더 써 주었어요.

as (형용사/부사) as = ~처럼 ~한
~만큼 ~한

119강에서 다 배웠던 것들이죠. 기억이 새록새록 나시나요?

이제 soon(순)이라는 말은 무슨 뜻인가요?

· **soon(순) = 곧, 머지않아, 빨리**

이러한 뜻을 가지고 있어요.

그럼 as soon as(에즈 순 에즈)는 무슨 뜻일까요?

as(형/부)as=~처럼(형/부)한

as **soon** as=~처럼 **곧**, ~처럼 **빨리**

이러한 뜻이 되겠죠?

그래서 as soon as를 우리말로 유연하게 말하면

as soon as = ~하자마자

라는 말이 된답니다. 이제 as soon as를 이용해서 말을 해 볼까요?

- 나는 일어나다 = I get up.(아이 게럽)
- 나는 일어나**자마자** = **As soon as** I get up,
  (에즈 순 에즈 아이 게 럽)
- 나는 그에게 전화합니다 = I call him.(아이 콜 힘)
- 나는 일어나자마자 그에게 전화합니다.
  As soon as I get up, I call him.
  (에즈 순 에즈 아이 게럽, 아이 콜 힘)

이렇게 말해 주면 되겠네요.
이 문장 또한 순서를 바꿔서 말해 줘도 좋아요.

- 나는 일어나자마자 그에게 전화합니다.
  I call him **as soon as** I get up.
  (아이 콜 힘 에즈 순 에즈 아이 게럽)

이렇게 말이죠! 정말 간단하죠?^^

다른 예문으로 한 번 더 연습해 볼까요?

- 나는 샤워하자마자 아침을 먹어요.
  As soon as I take a shower, I have breakfast.
  I have breakfast **as soon as** I take a shower.

- 나는 아침을 먹자마자 샤워를 해요.
  As soon as I have breakfast, I take a shower.
  I take a shower **as soon as** I have breakfast.

2-174. 직접 써볼까요?

■ 나는 점심을 먹자마자 커피를 마셔요.

· 나는 점심을 먹는다.
➡ _____

· ~하자마자
➡ _____

· 나는 점심을 먹자마자
➡ _____

· 나는 커피를 마셔요.
➡ _____

· 나는 점심을 먹자마자 커피를 마셔요.
➡ _____

175강 나는 일어나자마자 그녀에게 전화할 거야.
As soon as I get up, I will call her.

["나는 일어나자마자 그녀에게 전화할 거야"를 배워보도록 할게요.]

173강에 배운 표현인데 미래형이네요.
After, Before 배웠을 때 해 보았던 것들이라 이제 이 정도는 식은 죽 먹기죠? 그래도 같이 한번 해 볼게요.

- ~하자마자 = As soon as(에즈 순 에즈)
- 나는 일어나다 = I get up(아이 게럽)
- 나는 일어나자마자 = As soon as I get up,
  (에즈 순 에즈 아이 게럽)
- ~할 거야 = will(윌)
- 나는 그녀에게 전화할 거야 = I will call her.(아 윌 콜 헐)

이제, 정리해서 말해 볼까요?
- 나는 일어나자마자 그녀에게 전화할 거야.
  As soon as I get up, I will call her.
  (에즈 순 에즈 아이 게럽, 아 윌 콜 헐)

이 말 또한 순서를 바꿔서 말해 줄 수도 있죠!
- 나는 일어나자마자 그녀에게 전화할 거야.
  I will call her as soon as I get up.
  (아 윌 콜 헐 에즈 순 에즈 아이 게럽)

하나 더 연습해 볼까요?

'나는 퇴근하자마자 집에 갈 거야'를 말해 볼게요.
그런데 '퇴근하다'라는 말은 어떻게 하죠?

- **get off(게 로프) = 떠나다, 내리다**

라는 뜻이 있어요. 그럼, 'get off work(게 로프 월ㅋ)' 하면 무슨 뜻일 까요?

'get off+work=일에서 떠나다' 즉, '퇴근하다'라는 말이 돼요.
- 나는 퇴근하다 = I get off work.(아이 게 로프 월크)
- 나는 퇴근하자마자 = As soon as I get off work,
  (에즈 순 에즈 아이 게 로프 월크)
- 나는 집에 갈 거야. = I will go home.(아 윌 고 홈)
- 나는 퇴근하자마자 집에 갈 거야.
  As soon as I get off work, I will go home.
  (에즈 순 에즈 아이 게 로프 월크, 아 윌 고 홈)

  I will go home **as soon as** I get off work.
  (아 윌 고 홈 에즈 순 에즈 아이 게 로프 월크)

이렇게 말해 주면 되겠네요.
진짜 너무 쉽죠?^^

2-175. 직접 써볼까요?

■ **나는 퇴근하자마자 너를 만날 거야.**

· 나는 퇴근하다.
➡ _____

· 나는 퇴근하자마자
➡ _____

· 나는 너를 만나다.
➡ _____

· 나는 너를 만날 거야.
➡ _____

· 나는 퇴근하자마자 너를 만날 거야.
➡ _____

176강

나는 일어나자마자 너에게 전화했다.
As soon as I got up, I called you.

["나는 일어나자마자 너에게 전화했다"를 배워보도록 할게요.]

요즘 우리가 as soon as를 이용하여, 문장과 문장을 연결해 주는 접속사를 배우고 있어요. 영어는 복습과 반복이 중요하다 했죠. 너무 쉬워도 내 것이 될 때까지 충분히 말하고 써 주는 연습을 해야 돼요. 오늘도 너무 쉬우니까 잘 따라와 주세요.

· 나는 일어나다 = I get up.(아이 게 럽)
이 문장도 너무 자주 해서 진짜 쉬워졌죠?

'나는 일어나자마자' 전화를 한 것이니 전화를 한 것보다 일어난 게 더 먼저 일어난 일이겠죠. 그러니 '나는 일어났다' 하고 과거로 말해 줘야겠네요.

· 나는 일어났다 = I **got** up(아이 가럽)
· 나는 일어나자마자 = As soon as I got up,
　　　　　　　　　　(에즈 순 에즈 아이 가 럽)
· 나는 너에게 전화했다 = I **called** you.(아 윌 콜드 유)
· 나는 일어나자마자 너에게 전화했다.
　　As soon as I got up, I called you.
　　I called you **as soon as** I got up.

이렇게 말해 주면 되겠네요.
그동안 접속사를 배우면서 큰 덩어리를 정리해 보면

- 현재로 말할 때 = 현재 + 접속사 + 현재
- 미래로 말할 때 = 현재 + 접속사 + 미래
- 과거로 말할 때 = 과거 + 접속사 + 과거

이렇게 정리할 수 있겠죠?^^
하나 더 말해 볼까요?

'나는 일어나자마자 샤워했다'
라는 문장은 과거로 말하는 것이니

- 현재로 말할 때 = 현재 + 접속사 + 현재
- 미래로 말할 때 = 현재 + 접속사 + 미래
- **과거로 말할 때 = 과거 + 접속사 + 과거**

두 문장 다 과거로 적어줘야겠죠.
- 나는 일어나자마자 샤워했다.

    As soon as I **got** up, I **took** a shower.

    I **took** a shower as soon as I **got** up.

이렇게 말해 주면 되겠네요.

2-176. 직접 써볼까요?

■ 나는 돈을 벌자마자 차를 샀다.

· 나는 돈을 벌다.
➡ _____

· 나는 돈을 벌었다.
➡ _____

· 나는 돈을 벌자마자
➡ _____

· 나는 차를 샀다.
➡ _____

· 나는 돈을 벌자마자 차를 샀다.
➡ _____

177강 내가 살아있는 한 너는 그녀를 만날 수 없어.
As long as I'm alive, You can't meet her.

[*"내가 살아있는 한 너는 그녀를 만날 수 없어"를 배워보도록 할게요.]

오늘 예문이 너무 무섭죠? 드라마에서나 많이 나오는 말인데, 오늘 같이 한번 말해 볼게요. 우리가 'as soon as(에즈 순 에즈) ~하자마자'를 배웠었는데, soon 대신 long을 넣으면 어떤 뜻이 될까요?

- as soon as = ~하자마자
- as long as = ?

long은 보편적으로 '길다'라는 뜻으로 많이 알고 있는데, 우리가 167강에서

How long did you study yesterday?
(하우 롱 디 쥬 스터디 예스터데이?)
= 너는 어제 얼마나 (오래) 공부했니? 와 같이 오랜 시간을 의미할 때도 long을 사용했었죠.

정말 영어는 반복의 연속이죠?
잊을 만하면 톡 튀어나오고^^ 아무튼 long에는

- long = 길이가 '길다'
       시간이 '길다' '오랜' '동안' 이라는 뜻이 있어.

- as(형/부)as = ~처럼 (형/부)한
- as long as = ~처럼 오랜, ~처럼 동안

직역을 하면 이러한 뜻이 되겠지요. 이 말을 우리말로 유연하게 해석하면

> **as long as = ~하는 한, ~하는 동안**

이라는 뜻이 돼요.

- 살아있는 = alive(어라브)
- 살아있다 = be alive(비 어라브)
- 나는 살아있다 = I'm alive.(아임 어라브)
- 내가 살아 있는 한
  As long as I'm alive,
  (에즈 롱 에즈 아임 어라브)

- 할 수 없다 = can't(캔트)
- 너는 할 수 없다. = You can't(유 캔트)
- 너는 만날 수 없다. = You can't meet(유 캔밋)
- 너는 그녀를 만날 수 없다. = You can't meet her.
  (유 캔 밋 헐)

이제 정리해서 말해 볼까요?

- 내가 살아 있는 한 너는 그녀를 만날 수 없어.
  As long as I'm alive, You can't meet her.
  (에즈 롱 에즈 아임 어라브, 유 캔 밋 헐)
  You can't meet her as long as I'm alive.
  (유 캔 밋 헐 에즈 롱 에즈 아임 어라브)

이렇게 말해 줄 수 있네요^^

2-177. 직접 써볼까요?

- 미국의 유명한 보이밴드 Backstreet Boys(백 스트리트 보이즈)의 As long as you love me는 무슨 뜻일까요?

· As long as you love me

 _____

178강 3년이 지났다.
It has been 3years.

["3년이 지났다"를 배워보도록 할게요.]

오늘은 문장이 짧죠? 그래도 짧지만 이런 말들은 입에서 툭 하고 잘 나오지가 않아요. 그래서 지난 시간에 배웠던 것들을 복습하면서 기억을 되살리며 배워보도록 할게요.
'3년이다'는 영어로 어떻게 말할까요?

- 3년 = 3years(쓰리이얼스)
- 3년이다. = be 3years(비 쓰리이얼스)

그런데 be 3years라는 말은 없죠? 그럼 주어를 만들어 줘야 하는데 주어가 정확하게 뭔지 몰라요. 그냥 '3년이야'라고만 말하고 싶을 뿐이에요. 이럴 땐 주어 자리에 무엇을 넣어주면 된다 했죠?

그렇죠! It을 넣어주면 된다 했죠.

- 3년이야 = It is 3years.(잇 이즈 쓰리이얼스)
  It's 3years.(잇츠 쓰리이얼스)

> **tip. 비인칭 주어 It**
> 날씨, 시각, 날짜, 요일, 거리, 계절 등을 나타내는 문장의 주어로
> 쓰이며, '그것'이라고 해석하지 않아요.
> It is sunny.(화창하다)
> It is January 1st.(1월1일이다)
> It is Thursday.(목요일이다)
> It is Summer.(여름이다)

이제, '3년이 지났다'는 어떻게 말하면 될까요?
(지금까지) 3년이 지났다.
'(지금까지) ~했다'하고 과거의 한 시점에서 현재까지 쭉 이어져 온 상황을 말할 때는 어떻게 말했었나요?(#85강)

- 나는 자다 = I sleep.(아이 슬립)
- 나는 지금까지 잤다 = I **have slept.**(아이 해브 슬렙)

하고 have(has)+동사완료=(지금까지) ~했다. 기억이 나나요?
그럼, '3년이 지났다' 어떻게 말하면 될까요?

- 3년이다 = It is 3years.

is의 원래 형태는 be이죠. be의 동사완료는? been(빈)!
그리고 It은 3인칭단수니까 have가 아니고 has를 써 줘야겠죠.

- 3년이 지났다 = It has been 3years.

이렇게 말해 주면 되겠네요. 짧지만 우리가 많은 것을 복습했죠?^^
영어는 많이 공부하는 것이 중요한 것이 아니고, 복습이 중요해요!

2-178. 직접 써볼까요?

■ **일주일이 지났다.**

- 일주일
⇒ a week(어 윅) _____
- 일주일이다.
⇒ _____
- (지금까지) ~했다.
⇒ _____
- 일주일이 지났다.
⇒ _____

[복습하기13(173~178강)]

1. 나는 아침을 먹기 전에 물을 마셨다.
   =

2. 나는 너를 만나기 전에 영어 공부를 열심히 했다.
   =

3. 나는 일어나자마자 그에게 전화를 합니다.
   =

4. 나는 점심을 먹자마자 커피를 마셔요.
   =

5. 나는 일어나자마자 그녀에게 전화할 거야.
   =

6. 나는 퇴근하자마자 너를 만날 거야.
   =

7. 나는 일어나자마자 너에게 전화했었다.
   =

8. 나는 돈을 벌자마자 차를 샀다.
   =

9. 내가 살아있는 한 너는 그녀를 만날 수 없어.
   =

10. As long as you love me는 무슨 뜻일까요? =

11. 3년이 지났다. =

12. 일주일이 지났다. =

[복습하기13(173~178강)]

1. 나는 아침을 먹기 전에 물을 마셨다.
   = Before I had breakfast, I drank some water.
   I drank some water before I had breakfast.
2. 나는 너를 만나기 전에 영어 공부를 열심히 했다.
   = Before I met you, I studied English hard.
   I studied English hard before I met you.
3. 나는 일어나자마자 그에게 전화를 합니다.
   = As soon as I get up, I call him.
   I call him as soon as I get up.
4. 나는 점심을 먹자마자 커피를 마셔요.
   = As soon as I have lunch, I drink some coffee.
   I drink some coffee as soon as I have lunch.
5. 나는 일어나자마자 그녀에게 전화할 거야.
   = As soon as I get up, I will call her.
   I will call her as soon as I get up.
6. 나는 퇴근하자마자 너를 만날 거야.
   = As soon as I get off work, I will meet you.
   I will meet you as soon as I get off work.
7. 나는 일어나자마자 너에게 전화했었다.
   = As soon as I got up, I called you.
   I called you as soon as I got up.
8. 나는 돈을 벌자마자 차를 샀다.
   = As soon as I made some money, I bought a car.
   I bought a car as soon as I made some money.

[복습하기13(173~178강)]

9. 내가 살아있는 한 너는 그녀를 만날 수 없어.
   = As long as I'm alive, You can't meet her.
   　You can't meet her as long as I'm alive.
10. As long as you love me는 무슨 뜻일까요? = 네가 나를 사랑하는 한
11. 3년이 지났다. = It has been 3years.
12. 일주일이 지났다. = It has been a week.

179강 내가 서울에 온 이후로 3년이 지났다.
Since I came in Seoul, It has been 3years.

["내가 서울에 온 이후로 3년이 지났다"를 배워보도록 할게요.]

'3년이 지났다'는 178강에서 해 보아서 어렵지 않게 말할 수 있죠.

- 3년이다 = It's 3years.
- (지금까지) ~했다 = have(has) been
- 3년이 지났다 = It has been 3years.(잇 해즈 빈 쓰리이얼스)

이제, '내가 서울에 온 이후로'라는 말을 해야겠네요.
- 나는 오다 = I come(아이 컴)
- 나는 왔다 = I came(아이 캐임)
- 나는 서울

왔다 = I came in Seoul.(아이 캐임 인 서울)

자, 그럼 '~한 이후로'는 어떻게 말할까요?
- ~한 이후로 = Since(씬스)

라고 해요. ~한 이후로 쭉 이어져 온 상황을 말할 때 써요.

우리가 식당이나 카페에 가보면 'Since1989'라는 형식으로 Since 뒤에 숫자가 적혀있는 것을 많이 봤을 거예요. 그 말은 '1989년도에 설립되어 지금까지 쭉 운영하고 있다'라는 말이 됩니다.

이제 정리해서 말해 볼까요?

· 내가 서울에 온 이후로 3년이 지났다.

　　Since I came in Seoul, It has been 3years.

　　(씬스 아이 캐임 인 서울, 잇 해즈 빈 쓰리이얼스)

이렇게 말해 줘도 되고 순서를 바꿔서

It has been 3years since I came in Seoul.

(잇 해즈 빈 쓰리이얼스 씬스 아이 캐임 인 서울)이라고 말해 줘도 상관없어요. 너무 쉽죠?^^

2-179. 직접 써볼까요?

■ 내가 너를 본 이후로 2년이 지났다.

· 나는 보다.
➡ _____

· 나는 봤다.
➡ _____

· 나는 너를 봤다.
➡ _____

· 내가 너를 본 이후로
➡ _____

· 2년이 지났다.
➡ _____

· 내가 너를 본 이후로 2년이 지났다.
➡ _____

180강

비가 오기 때문에 우산을 찾고 있는 중이야.
Since It's raining, I'm looking for an umbrella.

["비가 오기 때문에 우산을 찾고 있는 중이야"를 배워보도록 할게요.]

'비가 오는 중이다'를 먼저 말해 볼까요?

- 비 = rain(레인)
- 비 오는 중 = raining(레이닝)
- 비 오는 중이다 = be raining.(비 레이닝)

그런데 영어에서는 주어가 꼭 있어야 한다 했죠! 주어가 정확하게 무엇인지 모를 땐! It 을 넣어 준다 했죠.

- 비 오는 중이다. = It's raining.(잇츠 레이닝)

'~ 때문에'는 우리가 뭘로 배웠었죠?
- ~ 때문에 = because(비커즈)라고 배웠었죠.

그런데 어제 배운 Since(씬스)로도 말할 수 있어요. Since는 '~한 이후로'라는 뜻도 있지만, '~때문에'라는 뜻도 있어요.

- Since(씬스) = ~한 이후로, ~때문에
- 비가 왔기 때문에 = Since It's raining(씬스 잇츠 레이닝)

Q. 줄라이! 그럼 Since가 '~한 이후로' 라는 뜻으로 쓰이는지 '~때문에' 라는 뜻으로 쓰이는지 어떻게 구분하죠?

A. 문장을 말할 때 178강에서처럼 과거완료(have+pp)를 사용하면 '~한 이후로'라는 뜻이고, 오늘처럼 문장이 현재일 땐 '~ 때문에'라는 뜻으로 쓰여요. 그리고 오늘 문장을 보면 '나는 비가 오기 때문에 우산을 찾는다'를 '나는 비가 온 이후로 우산을 찾는다'라고 해석하면 말은 되긴 하지만 조금 어색하죠?
문장의 전체 맥락을 보면 '~한 이후로'라고 쓰였는지, '~때문에'로 쓰였는지를 알 수 있어요^^

- ~을 찾는 중 = looking for(룩킹 포)
- 우산을 찾는 중 = looking for an umbrella(룩킹 포 언 엄브렐라)
- 나는 우산을 찾는 중이다 = I'm looking for an umbrella.
  (아임 룩킹 포 언 엄브렐라)
- 비가 오기 때문에 나는 우산을 찾는 중이다.
  Since It's raining, I'm looking for an umbrella.
  (씬스 잇츠 레이닝, 아임 룩킹 포 언 엄브렐라)

이렇게 말해도 되고 순서를 바꿔서

　I'm looking for an umbrella since It's raining.
(아임 룩킹 포 언 엄브렐라 씬스 잇츠 레이닝) 이렇게 말해 줘도 돼요.

Q. 줄라이! 그럼 because랑 Since랑 둘 다 '~때문에'인데 뭐가 다른가요?

A. 거의 비슷하게 쓰이는데요, 굳이 차이점을 따지자면 Since는 말하는 사람이나 듣는 사람 모두 다 알고 있을 때 사용하고 because는 말하는 사람만 알고 있을 때 사용해요. 오늘 문장처럼 비 오니까 우산을 찾는다는 것은 비는 나한테도 오고 너한테도 오니까 비 온 사실을 너도 알고 나도 알죠? 그럴 땐 since를 사용해요.

2-180. 직접 써볼까요?

■ 오늘은 공휴일이기 때문에 나는 일을 안 합니다.

· 공휴일
➡ _____

· 공휴일이다.
➡ _____

· 오늘은 공휴일이기 때문에
➡ _____

· 나는 일을 안 해요.
➡ _____

· 오늘은 공휴일이기 때문에 나는 일을 안 해요.
➡ _____

181강 나는 슬퍼도 울지 않을 거야.
Though I'm sad, I won't cry.

["나는 슬퍼도 울지 않을 거야"를 배워보도록 할게요.]

'나는 슬프다'를 먼저 말해 볼까요?

- 슬픈 = sad(새드)
- 슬프다 = be sad(비 새드)
- 나는 슬프다 = I'm sad.(아임 새드)

이제, '나는 슬프다'를 '나는 슬퍼도'라고 바꿔야 하는데 '~해도, ~임에도 불구하고'라는 뜻을 가진 단어는 무엇일까요?

- though(또우) = ~해도, ~임에도 불구하고

라고 합니다. 그럼, '나는 슬퍼도'를 말해 볼까요?
- 나는 슬퍼도 = Though I'm sad(또우 아임 새드)
- 나는 ~하지 않을 거야 = I will not(아 윌 낫)
- 울다 = cry(크롸이)
- 나는 울지 않을 거야 = I will not cry.(아 윌낫 크롸이)

* will not은 won't로 말할 수 있어요.

그럼, 연결해서 말해 볼까요?
- 나는 슬퍼도 울지 않을 거야.

  Though I'm sad, I won't cry.

  (또우 아임 새드, 아이 윗ㅌ 크롸이)

이렇게 말해도 되고 이 문장 또한

261

I won't cry though I'm sad.
(아이 웡트 크롸이 또우 아임 새드)라고 순서를 바꿔 말할 수도 있어요.

그리고 Though랑 비슷한 뜻으로 쓰이는 애들이 있어요.

Though = although(얼또우), even though(이븐또우)
= ~해도, ~임에도 불구하고

although, even though는 though랑 같은 뜻으로 쓰여요.

- 나는 슬퍼도 울지 않을 거야.
  Though I'm sad, I won't cry.
  Although I'm sad, I won't cry.
  Even though I'm sad, I won't cry.
로 쓸 수 있어요^^

2-181. 직접 써볼까요?

■ 네가 나를 싫어해도 나는 너를 좋아할 거야.

· 나는 보다.
➡ _____

· 나는 봤다.
➡ _____

· 나는 너를 봤다.
➡ _____

· 내가 너를 본 이후로
➡ _____

· 2년이 지났다.
➡ _____

· 내가 너를 본 이후로 2년이 지났다.
➡ _____

182강 Though, although, Even though의 차이.

[**"Though, although, Even though의 차이"를 배워보도록 할게요.**]

- Though(또우)
- Although(얼또우)
- Even though(이븐또우)

이 셋 다 '~해도, ~임에도 불구하고'라는 뜻으로 'but(벗)=그러나'라는 뜻보다 좀 더 강한 의미를 가지고 있어요.

Though는 회화체에서 많이 사용해요.
일반적으로 말할 때 사용하면서, 문장의 처음보다는 문장의 중간이나, 끝에 많이 사용해요.

- 네가 나를 싫어해도 나는 너를 좋아할 거야.
    I will like you **though** you don't like me.
이렇게 문장의 중간에 사용되는데
    Though you don't like me, I will like you.
이렇게 문장의 처음에도 쓰일 수 있었죠. 그런데 이렇게 쓰면 지금은 안 쓰는 옛날 말처럼 느껴질 수도 있어요.

우리도 예전에 책을 보면,
'~읍니다'라고 쓰여 있었잖아요. Though를 문장 앞에 쓰면 그런 느낌이에요.
그래서 문장의 제일 첫머리에는 Though를 잘 사용하지 않고, Although를 사용합니다.

- 네가 나를 싫어해도 나는 너를 좋아할 거야.
    Although you don't like me, I will like you.

그러나 Although는 편안 회화체라기보다는 조금 격식을 차린 문서를 작성할 때 많이 사용해요.

Even though는 정말 확신을 가지고 말할 때 사용해요.
though와 although를 합쳐 셋 중 가장 억양이 센 아이에요.

- (심지어) 네가 나를 싫어해도 나는 너를 좋아할 거야.
    Even though you don't like me, I will like you.

'심지어 ~해도'라는 느낌으로 보시면 돼요.
문장의 앞이나 중간 둘 다 자주 쓰여요.

〈정리〉

- 셋 다 비슷한 뜻이다.
- but보다는 조금 강한 느낌이다.
- though : 회화체에서 많이 사용한다.
   문장의 중간이나 끝에서 많이 쓰인다.
   문장 첫머리에 쓰면 조금 옛날 말 같은 느낌이다.
- although : 격식 있는 문체이다.
   문장의 처음에 많이 쓴다.
   문서를 작성할 때 많이 쓰인다.
- even though : 셋 중 의미가 제일 강하다.
   '심지어 ~해도' 라는 뜻으로 보면 된다.
   어떠한 일에 확신을 가질 때 쓴다.
   문장 처음, 중간에 쓰인다.

183강 우리 가자! Let's go!

["우리 가자!"를 배워보도록 할게요.]

Let's go!(렛츠 고) 정말 많이 들어 본 말이죠?
이 말이 왜 '우리 가자!'라는 말인지 살펴볼게요.

- 우리 가자! = Let's go!(렛츠 고)

Let(렛)은 '~하다'라는 말이에요.
's는 어떤 단어의 줄임말일까요?
's는 **us(어스) '우리'**라는 뜻의 줄임말이에요.

- Let(렛) = ~하다
- us(어스) = 우리
- Let us(렛 어스) = 우리 ~하다
* Let us = Let's로 줄여 쓸 수 있어요.
- go(고) = 가다
- Let's go.(렛츠 고) = 우리 가게 하다

이 말을 자연스럽게 의역하면, '우리 가자!'라는 말이 됩니다^^

- Let's make!(렛 메익) = 우리 만들자!
- Let's drink!(렛 드링크) = 우리 마시자!
- Let's study!(렛 스터디) = 우리 공부하자!

이렇게 Let's 다음에 동사원형이 와서 '우리 ~하자!'라고 말할 수 있는 것이에요. 그런데 Let 다음에는 us 말고도 다른 목적격이 나올 수도 있어요.

Let = ~하다	me	나를 ~하게 하다
	us	우리를 ~하게 하다
	him	그를 ~하게 하다
	her	그녀를 ~하게 하다
	them	그들을 ~하게 하다
	it	그것을 ~하게 하다

· **Let + 목적격 + 동사원형** = '목적격을 동사원형 하게 하다'의 순서로 이렇게 다양하게 표현할 수 있답니다.

그럼 겨울왕국에서 Let it go(렛 잇 고) 하고 엘사가 노래를 하죠. 이 말은 무슨 뜻일까요?

· Let it go(렛 잇 고) = 그것을 가게 하다
즉, '그것을 가게 해줘!', '떠나게 하자' 이렇게 의역할 수 있어요.

겨울왕국에서 엘사는 사람들이 자신의 능력을 알게 되면 어떻게 될지 몰라 두려워 능력을 숨기기 위해 성에 숨어 살게 돼요. 하지만 대관식날 실수를 하고 사람들이 자신을 두려워하는 것을 보고 도망을 칩니다.
따라서 엘사가 말하는 Let it go에서 it은 자신을 숨기고 살았던 과거, 아픈 기억들이에요. 그래서 앞으로는 자유롭게 살겠다는 의지로 Let it go를 외치죠! '그것을 가게 하다', '떠나게 하다' 그래서 더 넓은 의미로 해석하면, '그것을 떠나게 하다' 과거의 아픈 기억을 떠나게 하고 새롭게 살자!

'그것들을 다 떨쳐 버리자!'

'다 잊어버리자!' 하고 확대해서 해석할 수도 있어요.
알고 들어보니 더 재미있죠?^^

2-183. 직접 써볼까요?

- Let me go는 무슨 뜻일까요?.

· Let me go.
➡ _____

184강 만약 내가 바빴다면, If I were busy,

["만약 내가 바빴다면"을 배워보도록 할게요.]

완성된 문장은 아니지만, 문장을 만드는 방법을 배워보고, 185강에서는 완성된 문장을 만들어 볼게요.

- 바쁜 = busy(비지)
- 바쁘다 = be busy(비 비지)
- 나는 바쁘다 = I'm busy.(아임 비지)
- 나는 바빴다 = I **was** busy.(아이 워즈 비지)

* am의 과거 was

'만약 ~한다면' 이란 뜻을 가진 단어는 무엇이었나요?
- 만약 ~한다면 = If(이프)
- 만약 내가 바빴다면, = If I was busy,(이프 아이 워즈 비지)

그런데 여기서 중요한 것이 있어요!

If와 be동사가 과거가 만나면 be동사 과거는 주어에 관계없이 모두 were를 씁니다.

- 내가 만약 바빴다면 = If I was busy,(X)
  　　　　　　　　　　If I **were** busy,(O)

물론 원어민들에게 If I was busy, 라고 말해도 알아듣긴 해요. 그렇지만 대부분의 외국인들은 If I were라고 말한답니다.

주어	be동사	be동사 과거	If+be동사과거
I	am	was	were
You	are	were	
She / He	is	was	

- 배고픈 = hungry(헝그리)
- 배고프다 = be hungry(비 헝그리)
- 나는 배고프다 = I'm hungry.(아임 헝그리)
- 나는 배고팠다 = I was hungry.(아이 워즈 헝그리)
- 만약 내가 배고팠다면, = If I were hungry,(이프 아이 워 헝그리)

하나 더 연습해 볼까요?

- 행복한 = happy(해피)
- 행복하다 = be happy(비 해피)
- 그녀는 행복하다 = She is happy.(쉬 이즈 해피)
- 그녀는 행복했다 = She was happy.(쉬 워즈 해피)
- 만약 그녀가 행복했다면, = If she were happy,(이프 쉬 워 해피)

이제, 어떻게 말해야 하는지 느낌이 오시죠?^^

2-184. 직접 써볼까요?

■ **만약 내가 나비였다면,**

· 나비
➡ a butterfly(어 버러플라이)

· 나비다.
➡ _____

· 나는 나비다.
➡ _____

· 나는 나비였다.
➡ _____

· 만약 내가 나비였다면,
➡ _____

[복습하기14(179~184강)]

1. 내가 서울에 온 이후로 3년이 지났다.
   =

2. 내가 너를 본 이후로 2년이 지났다.
   =

3. 비가 오기 때문에 우산을 찾고 있는 중이야.
   =

4. 오늘은 공휴일이기 때문에 나는 일을 안 합니다.
   =

5. 나는 슬퍼도 울지 않을 거야.
   =

6. 네가 나를 싫어해도 나는 너를 좋아할 거야.
   =

7. 우리 가자! =
8. Let me go는 무슨 뜻일까요? =

9. 만약 내가 바빴다면, =
10. 만약 내가 나비였다면, =

[복습하기14(179~184강)]

1. 내가 서울에 온 이후로 3년이 지났다.
    = Since I came in Seoul, It has been 3years.
       It has been 3years since I came in Seoul.
2. 내가 너를 본 이후로 2년이 지났다.
    = Since I saw you, It has been 2years.
       It has been 2years since I saw you.
3. 비가 오기 때문에 우산을 찾고 있는 중이야.
    = Since It's raining, I'm looking for an umbrella.
       I'm looking for an umbrella since It's raining.
4. 오늘은 공휴일이기 때문에 나는 일을 안 합니다.
    = Since today is holiday, I don't work.
       I don't work since today is holiday.
5. 나는 슬퍼도 울지 않을 거야.
    = Though I'm sad, I won't cry.
       Although I'm sad, I won't cry.
       Even though I'm sad, I won't cry.
6. 네가 나를 싫어해도 나는 너를 좋아할 거야.
       Though you don't like me, I will like you.
        Although you don't like me, I will like you.
       Even though you don't like me, I will like you.
7. 우리 가자! = Let's go!
8. Let me go.는 무슨 뜻일까요? = 나를 가게 해줘
                                    나를 떠나게 해줘.
9. 만약 내가 바빴다면, = If I were busy,
10. 만약 내가 나비였다면, = If I were a butterfly,

185강

만약 내가 바빴다면, 너를 만나지 못 했을 거야.
If I were busy, I would not meet you.

["만약 내가 바빴다면, 너를 만나지 못 했을 거야"을 배워보도록 할게요.]

- 나는 바빴다 = I **was** busy.(아이 워즈 비지)
- 만약 내가 바빴다면, = If I **were** busy.(이프 아이 워 비지)

라고 말할 수 있었죠.

'내가 만약 바빴다면'이라고 말했으니, 지금은 바쁜 거예요? 안 바쁜 거예요? **안 바쁜 거**겠죠?

그리고 '나는 너를 만나지 못 했을 거야'라고 말 할 거니까, 지금은 너를 만났다는 거예요? 못 만났다는 거예요?

만났단 거겠죠? 이 부분을 잘 염두에 두고

- 나는 ~할 거야 = I will(아 윌)
- 나는 ~하지 않을 거야 = I will not(아 윌 낫)
- 나는 너를 만나지 않을 거야 = I will not meet you.(아 윌 낫 밋츄)

그럼, '만나지 못 했을 거야'는 어떻게 말하면 될까요?

이 말은 잘 보면, 지금은 만났다는 거죠! 그럼 지나간 일을 '만약 ~했다면' 하고 상상하는 것이니 will을 과거로 써 주면 되겠네요.

- **will의 과거 = would(우드)**
- 나는 너를 만나지 못 했을 거야.
  I **would** not meet you.
  (아이 우드 낫 밋츄)

이제, 연결해서 말해 볼까요?

- 내가 만약 바빴다면, 나는 너를 만나지 못 했을 거야.
  If I **were** busy, I **would** not meet you.
  (이퓨 아이 워 비지, 아이 우드낫 밋츄)

Q. 줄라이! 좀 더 간단한 설명은 없을까요?

A. 우리가 접속사를 배울 때 **과거 문장은 앞 문장 뒤 문장 모두 과거로 맞춰주었죠!** 앞 문장에서 were라고 과거로 말했으니, 뒷문장도 will의 과거 would로 맞춰주는 것이라고 생각해 주면 될 것 같아요^^

Q. 그런데 줄라이! 우리 45강에서는 I woudn not을 '나는 (아마) ~안 할 거야'라고 배웠잖아요….

A. 맞아요!
I would not meet you 하고 문장 하나로만 말하면 '나는 (아마) ~안 할 거야'라고도 말할 수 있어요. 그런데 오늘은 문장 앞에 If I were busy라는 If가 들어간 과거 문장 하나가 더 있죠! 이럴 때는 I would not meet you'를 나는 너를 만나지 하지 못했을 거야' 하고 해석해 줘야 돼요. 문장이 하나인지, If가 들어간 문장과 같이 쓰였는지 잘 봐주셔야 돼요.

[I would not의 뜻]
- 문장이 하나일 때 : 나는 (아마) ~하지 않을 거야.
- 앞에 If 과거 문장과 같이 쓰일 때 : 나는 ~하지 못했을 거야.

하나 더 연습해 볼까요?
'만약 내가 안 바빴다면, 나는 너를 만났을 거야.'

- 나는 안 바쁘다 = I'm not busy.(아임 낫 비지)
- 나는 안 바빴다 = I was not busy.(아이 워즈 낫 비지)
- 만약 내가 안 바빴다면 = If I **were** not busy.(이프 아이 워 낫 비지)
- 나는 너를 만날 거야 = I will meet you.
- 나는 너를 만났을 거야 = I would meet you.
- 만약 내가 안 바빴다면, 나는 너를 만났을 거야.

    If I **were** not busy, I **would** meet you.
    (이프 아이 워 낫 비지, 아이 우드 밋츄)

2-185. 직접 써볼까요?

- **만약 내가 나비였다면, 나는 너에게 날아갔을 거야.**

- 나는 나비였다.
➡ _____

- 만약 내가 나비였다면,
➡ _____

- 날다.
➡ fly(플라이)

- 나는 날 거야.
➡ _____

- 나는 날았을 거야.
➡ _____

- 너에게
➡ to you(투 유)

- 나는 너에게 날아갔을 거야.
➡ _____

- 만약 내가 나비였다면, 나는 너에게 날아갔을 거야.
➡ _____

186강 나는 그녀가 여기 있었으면 좋겠어.
I wish (that) she were here.

["나는 그녀가 여기 있었으면 좋겠어"를 배워보도록 할게요.]

If(이프)는 '만약 ~라면' 하고 현재 사실에 반하는 말을 할 때 사용했었죠.
오늘도 If와 마찬가지로 현재 사실에 반하는 말을 해 볼게요.

- ~했으면 좋겠어 = wish(위쉬)

를 이용해서 문장을 만들어 볼게요.

'그녀가 여기 있었으면 좋겠어'라고 했네요. 그럼 지금 그녀는 여기 있나요? 없나요? **없다**는 거겠죠.

- 나는 ~했으면 좋겠어 = I wish(아이 위쉬)
- 그녀는 여기 있다 = she is here(쉬 이즈 히얼)
- 그녀는 여기 있었다 = she was here
- 나는 그녀가 여기 있었으면 좋겠어.
  I wish she was here.
  (아이 위쉬 쉬 워즈 히어)

이렇게 말하면 되겠죠. 그런데 wish도 If처럼 be동사 과거는 was로 쓰지 않고, were로 써줍니다.

- 나는 그녀가 여기 있었으면 좋겠어.
  I wish she **were** here.
  (아이 위쉬 쉬 워 히얼)

물론 I wish she was here이라고 말해도 원어민들은 다 알아 들어요. 그렇지만 특별한 이유 없이 If나 wish처럼 현재에 반대되는 일을 상상할 때(가정법시제)는 be동사 과거는 무조건 were를 씁니다^^

그리고
 I wish she were here.
 주어 동사 주어 동사

이 문장을 보면 주어+동사, 주어+동사로 문장이 연결되어 있죠. 이렇게 문장과 문장을 연결해 줄 때는 뭘 썼었나요?
that을 썼었죠.

I wish (that) she were here. 이렇게 원래는 문장과 문장 사이에 that이 있는데 생략해 준 거예요. 원어민들은 될 수 있으면 말을 짧게 하려 하기 때문에 문장과 문장을 연결해 주는 접속사 형태의 that은 대부분 생략해서 사용한답니다.

하나 더 연습해 볼까요?
'나는 그가 내 남자친구였으면 좋겠어'

- 나는 ~했으면 좋겠어 = I wish(아이 위쉬)
- 그는 내 남자친구다 = he is my boyfriend(히 이즈 마이 보이프랜드)
- 그는 내 남자친구였다 = he was my boyfriend
  (히 워즈 마이 보이프랜드)
- 그는 내 남자친구였으면 좋겠어.
  I wish (that) he were my boyfriend.
  (아이 위쉬 (댓) 히 워얼 마이 보이프랜드)

너무 간단하죠?^^

2-186. 직접 써볼까요?

■ 나는 날씬했으면 좋겠어.

· 나는 ~했으면 좋겠어.
➡ _____

· 날씬한
➡ skinny(스키니)

· 날씬하다.
➡ _____

· 나는 날씬하다.
➡ _____

· 나는 날씬했다.
➡ _____

· 나는 날씬했으면 좋겠다.
➡ _____

187강 내가 거기 있었으면 좋았을 텐데.
I wish I had been there.

["내가 거기 있었으면 좋았을 텐데"를 배워보도록 할게요.]

- ~했으면 좋겠어 = wish(위쉬)

I wish(아이 위쉬) 다음 과거완료가 오면 무슨 말이 될까요?

과거완료가 무슨 말이죠?
과거에 이미 끝난 상태를 말하는 거죠. 현재에서는 절대 돌이킬 수 없어요. 현재완료를 말할 땐 'have+동사완료' 했으니 과거완료는 어떻게 말하면 될까요?

have의 과거는 had(해드)!

- **과거완료 = had + 동사완료**

이렇게 말해주면 되겠네요.

'I wish+과거 완료'는 과거에 '~했어야 했는데' 하고 했었던 일에 대한 후회의 느낌을 표현하는 말이에요.

'(과거에) 내가 거기 있었으면 좋았을 텐데…' 말해 볼까요?
- 거기 = there(데얼)
- 거기이다 = be there(비 데얼)
- 나는 (내가) ~했으면 좋겠어 = I wish
- 내가 거기 있었으면 좋았을 텐데
   I wish I **had been** there.
   (아이 위쉬 아이 해드 빈 데얼)
* be의 동사완료 = been

하나 더 연습해 볼까요?

(과거의) 잘못된 만남을 후회하면서,

'나는 그녀를 만나지 않았으면 좋았을 텐데…'

· 그녀를 만나다 = meet her(밋 헐)

· 과거완료부정 = had not + 동사완료

· 그녀를 만나지 않았으면 좋았을 텐데
  I wish I hadn't met her.
  (아이 위쉬 아이 해든트 멧 헐)

이렇게 말해 주면 되겠네요^^ 너무 쉽죠?

2-187. 직접 써볼까요?

■ 네가 나에게 전화했으면 좋았을 텐데.

· 나에게 전화하다.
➡ _____

· 과거완료
➡ _____

· 네가 나에게 전화했다.
➡ _____

· 나는 ~했으면 좋겠어.
➡ _____

· 네가 나에게 전화했으면 좋았을 텐데.
➡ _____

188강 — 버스 정류장은 우리 집 앞에 있어요.
The bus stop is in front of my home.

["버스 정류장은 우리 집 앞에 있어요"를 배워보도록 할게요.]

오늘도 단어 1개만 배우면 너무 쉽게 할 수 있는 말이에요. 같이 한번 해 볼게요.

'버스 정류장'은 영어로 뭐죠?
- (그) 버스 정류장 = The bus stop(더 버스 스탑)

이제, '~앞에'라는 말은 무엇일까요?
- **~앞에 = in front of(인 프런트 오브)**

라고 합니다. '띄어쓰기가 있는 하나의 단어이다'라고 생각해 주면 돼요!

- 우리 집 = my home(마이 홈)
- 우리 집 앞에 = in front of my home(인 프런트 오브 마이 홈)
- 우리 집 앞에 있다.
   be in front of my home.
   (비 인 프런트 오브 마이 홈)

끝! 벌써 다 배웠네요.
이제 연결해서 말해 볼까요?

- 버스 정류장은 우리 집 **앞에** 있어요.
   The bus stop is **in front of** my home.
   (더 버스 스탑 이즈 인 프런트 오브 마이 홈)

너무 간단하죠?^^

그럼 아주 살짝만 변경해서,

'그 버스는 우리 집 앞에서 멈춘다'를 한번 말해 볼까요?

- 그 버스 = The bus(더 버스)
- 멈추다 = stop(스탑)
- 그 버스는 멈추다 = The bus stops(더 버스 스탑스)

* The bus는 3인칭단수니까 동사 뒤에 s를 붙여야겠죠.

※ stop이라는 동사 뒤에 s가 있는지, 없는지에 따라 '버스 정류장'이란 명사로 쓰인 건지, '버스가 멈추다'라는 하나의 문장으로 쓰인 건지 알 수 있어요.

- 그 버스는 우리 집 앞에서 멈춘다.

  The bus stops in front of my home.

  (더 버스 스탑스 인 프런트 오브 마이 홈)

너무 간단하죠?

2-188. 직접 써볼까요?

■ **나는 사람들 앞에서 말을 잘할 수 있다.**

- 나는 할 수 있다.
➡ _____

- 나는 말할 수 있다.
➡ _____

- 나는 말을 잘할 수 있다.
➡ _____

- ~앞에
➡ _____

- 사람들
➡ _____

- 사람들 앞에서
➡ _____

- 나는 사람들 앞에서 말을 잘할 수 있다.
➡ _____

189강 나는 그녀 뒤에 앉아 있어요.
I sit behind her.

["나는 그녀 뒤에 앉아 있어요"를 배워보도록 할게요.]

188강에서는
- ~앞에 = in front of(인 프런트 오브)를 배웠었죠.

오늘은 '~뒤에'를 말해 볼게요.

- ~뒤에 = behind(비하인드)라고 합니다.

'behind' 많이 들어본 단어이죠?

'behind story(비하인드 스토리) = 뒷이야기'라고 해서 많이 들어봤을 거예요. 오늘도 이렇게 다 배웠네요. 그럼, 문장으로 말해 볼까요?

- 나는 앉다 = I sit(아이 씻)
- 나는 뒤에 앉다 = I sit behind(아이 씻 비하인드)
- 나는 그녀 뒤에 앉다 = I sit behind her.(아이 씻 비하인드 헐)

단어 하나 배웠을 뿐인데 문장이 너무 쉽게 만들어지죠?
그럼 '내 가방은 의자 뒤에 있어요'를 한번 말해 볼까요?

- ~뒤에 = behind(비하인드)
- 뒤에 있다 = be behind(비 비하인드)
- 내 가방 = My bag(마이 백)
- 내 가방은 뒤에 있다.
  My bag **is** behind(마이 백 이즈 비하인드)

- (그) 의자 = the chair(더 체얼)
- 내 가방은 의자 뒤에 있어요.
  My bag is behind the chair.
  (마이 백 이즈 비하인드 더 체얼)

이렇게 말해 주면 되겠네요. 정말 너무 쉽죠?^^

2-189. 직접 써볼까요?

■ (그) 은행은 저 건물 뒤에 있어요.

- ~뒤에
➡ _____

- ~뒤에 있다.
➡ _____

- (그) 은행은 ~뒤에 있다.
➡ _____

- 저 건물
➡ _____

- (그) 은행 건물은 저 건물 뒤에 있어요.
➡ _____

190강
일하는 것은 즐거워요.
Working is fun.

["일하는 것은 즐거워요"를 배워보도록 할게요.]

- 일하다 = work(월크)이죠.

그럼, '일하는 것'은 어떻게 말해 주면 될까요?

정말 간단해요^^

work라는 동사 뒤에 ing만 붙여주면 '일하는 것'이라는 뜻이 돼요.
- 일하는 것 = work**ing**(월킹)

어머! 그럼 오늘 공부도 벌써 다 끝났네요.

- 즐거운 = fun(펀)
- 즐겁다 = be fun(비 펀)
- 일하는 것은 즐겁다 = Working is fun.
  (월킹 이즈 펀)

정말 너무 간단하죠?

Q. 줄라이! 그런데 동사 뒤에 ing를 붙이면, '~하는 중'이라고 배웠는데 오늘은 왜 '~하는 것'이라고 해석하나요?

A. 네! 맞아요. 우리가 '동사+ing=~하는 중'이라고 배웠었죠. 그런데 기억을 좀 더 살려볼까요?

'~하는 중'이라고 말할 때는 동사ing 앞에 무엇을 붙여야 한다 했죠?

'be동사+동사ing=~하는 중'이라고 79강에서 배웠어요.
'나는 일하는 중이야'
- 일하는 중 = working(월킹)
- 나는 일하는 중이야 = I working.(아이 엠 월킹)

기억이 나나요?

동사ing 앞에 be동사가 있으면 '~하는 중'으로 해석하고, 동사ing 앞에 be동사가 없으면 '~하는 것'이라는 뜻이 돼요.

그렇다고 해서,
'I working = 나는 일하는 것' 이렇게 말하면 안 되죠!
이럴 땐 꼭 be동사 am을 넣어, I am working이라고 말해 줘야 올바른 문장이 되고 오늘처럼 **주어나 명사 자리에 동사ing를 넣으면 '~하는 것'**이 된답니다.

그럼 하나 더 연습해 볼까요?
'춤추는 것은 즐겁다'
- 춤추다 = dance(댄스)
- 춤추는 것 = dancing(댄싱)
- 즐겁다 = be fun(비 펀)
- 춤추는 것은 즐겁다 = Dancing is fun.(댄싱 이즈 펀)

2-190. 직접 써볼까요?

■ 공부하는 것은 행복하다.

- 공부하다.
➡ _____

- 공부하는 것
➡ _____

- 행복한
➡ _____

- 행복하다.
➡ _____

- 공부하는 것은 행복하다.
➡ _____

[복습하기15(185~190강)]

1. 만약 내가 바빴다면, 너를 만나지 못했을 거야.
   =

2. 만약 내가 나비였다면, 나는 너에게 날아갔을 거야.
   =

3. 나는 그녀가 여기 있었으면 좋겠어.
   =

4. 나는 날씬했으면 좋겠어.
   =

5. 네가 거기 있었으면 좋았을 텐데.
   =

6. 네가 나에게 전화했으면 좋았을 텐데.
   =

7. 버스 정류장은 우리 집 앞에 있어요.
   =

8. 나는 사람들 앞에서 말을 잘할 수 있다.
   =

9. 나는 그녀 뒤에 앉아 있어요. =

10. (그) 은행은 저 건물 뒤에 있어요.

11. 일하는 것은 즐거워요. =

12. 공부하는 것은 행복하다. =

[복습하기15(185~190강)]

1. 만약 내가 바빴다면, 너를 만나지 못했을 거야.
    = If I were busy, I would not meet you.
2. 만약 내가 나비였다면, 나는 너에게 날아갔을 거야.
    = If I were a butterfly, I would fly to you.
3. 나는 그녀가 여기 있었으면 좋겠어.
    = I wish (that) she were here.
4. 나는 날씬했으면 좋겠어.
    = I wish (that) I were skinny.
5. 네가 거기 있었으면 좋았을 텐데.
    = I wish I had been there.
6. 네가 나에게 전화했으면 좋았을 텐데.
    = I wish you had called me.
7. 버스 정류장은 우리 집 앞에 있어요.
    = The bus stop is in front of my home.
8. 나는 사람들 앞에서 말을 잘할 수 있다.
    = I can speak well in front of people.
9. 나는 그녀 뒤에 앉아 있어요. = I sit behind her.
10. (그) 은행은 저 건물 뒤에 있어요.
    = The bank is behind that building.
11. 일하는 것은 즐거워요. = Working is fun.
12. 공부하는 것은 행복하다. = Studying is happy.

191강
내 취미는 일하는 것입니다.
My hobby is working.

["내 취미는 일하는 것입니다"를 배워보도록 할게요.]

190강에서 동사ing에 대해서 정리했었죠. 한 번 더 짚고 넘어가면,
'동사ing=~하는 중, ~하는 것' 으로 해석됩니다.

- 동사ing 앞에 be동사가 있을 때 : ~하는 중
    ex) I **am** working. = 나는 일하는 중이야.
- 동사ing가 주어나 명사 자리에 있을 때 : ~하는 것
    ex) Working is fun. = 일하는 것은 즐겁다.

정리가 되셨죠? 오늘은 '내 취미는 일하는 것이야'를 말해 볼 거예요.
우선, '취미'가 영어로 무엇인가요?

- 취미 =hobby(하비)
- 내 취미 = My hobby(마이 하비)
- 일하다 = work(월크)
- 일하는 것 = working(월킹)
- 내 취미는 일하는 것이다 = My hobby (　) working.

문장이라는 것은 꼭! 주어+동사가 있어야 한다 했죠.
위의 문장에서 My hobby는 주어이고, working은 동명사입니다.
My hobby working이라는 문장에는 동사가 없으니 문장이 되지 않겠죠.

293

· 내 취미는 일하는 것이다 = My hobby (is) working.
(마이 하비 이즈 월킹)

My hobby는 나도 아니고 너도 아닌, 3인칭 단수니까 is를 넣어줘야 해요!

Q. 줄라이! 동사ing 앞에 be동사가 있으면 '~하는 중'이라면서요!

A. 네~ 맞아요. 그런데 주어가 사람일 때만 그래요.

I am working. = 나는 일하는 중이다.
My hobby is working. = 내 취미는 일하는 것이다.

이렇게

> 주어가 사람 + be동사 + 동사ing = ~하는 중
> 주어가 사물 + be동사 + 동사ing = ~하는 것

Q. 줄라이. 헷갈릴 것 같은데 어쩌죠?

A. 아니에요!
　My hobby is working. = '내 취미는 일하는 중이다' 왠지 이상하죠?
　　　　　　　　　　　'내 취미는 일하는 것이다'가 맞겠죠.

이렇게 문맥을 보고 자연스럽게 해석이 될 수 있기 때문에 단어만 조금 알고 연습하면 쉽게 이해할 수 있어요^^

2-191. 직접 써볼까요?

■ 내 취미는 영어 공부하는 것입니다.

· 내 취미
➡ _____

· 공부하다.
➡ _____

· 공부하는 것
➡ _____

· 영어 공부하는 것
➡ _____

· 내 취미는 영어 공부하는 것입니다.
➡ _____

192강   그는 충분히 똑똑하다.
He is smart enough.

["그는 충분히 똑똑하다"를 배워보도록 할게요.]

오늘도 진짜 너무 너무 쉬워요. 너무 쉽다고 쓱! 보고 넘어가지 말고 입에서 1초 만에 바로 나올 수 있도록 말하기 연습을 많이 해 주세요.
우선, '그는 똑똑하다'를 먼저 말해 볼까요?

- 똑똑한 = smart(스마트)
- 똑똑하다 = be smart(비 스마트)
- 그는 똑똑하다 = He is smart.(히 이즈 스마트)

이렇게 말할 수 있었죠.
그럼 '그는 충분히 똑똑하다'라고 말하기 위해서는 '충분히'라는 단어만 알면 되겠네요.

- **충분히 = enough(이너프)**
- 그는 충분히 똑똑하다 = He is smart enough.
  (히 이즈 스마트 이너프)

그럼, 조금 더 문장에 살을 붙여 볼까요?
'그는 서울대에 갈 수 있다. 그는 충분히 똑똑하다'를 말해 볼게요.

- 그는 할 수 있다 = He can(히 캔)
- 가입하다 = get into(겟 인투)
- 그는 가입할 수 있다 = He can get into(히 캔 겟 인투)
- 서울대 = Seoul University(서울 유니벌시티)

- 그는 서울대에 가입할 수 있다.

    He can get into Seoul University.

    (히 캔 겟 인투 서울 유니벌시티)

이 말은, 우리말로 유연하게 해석하면, '그는 서울대에 합격할 수 있다, 그는 서울대에 갈 수 있다' 요 정도로 해석할 수 있겠죠.

- 그는 서울대에 갈 수 있다. 그는 충분히 똑똑하다.

    He can get into Seoul University. He is smart enough.

    (히 캔 겟 인투 서울 유니벌시티. 히 이즈 스마트 이너프)

이렇게 enough는 형용사나 부사 뒤에 있을 때, '충분히 ~한, ~하게'라는 의미로 사용돼요^^

> **형용사 or 부사 + enough = 충분히 ~한**
> **충분히 ~하게**

2-192. 직접 써볼까요?

■ 그녀는 충분히 예쁘다.

- 예쁜
➡ _____

- 예쁘다.
➡ _____

- 그녀는 예쁘다.
➡ _____

- 충분히
➡ _____

- 그녀는 충분히 예쁘다.
➡ _____

193강

그는 서울대 가기에 충분히 똑똑하다.
He is smart enough to get into Seoul University.

["그는 서울대 가기에 충분히 똑똑하다"를 배워보도록 할게요.]

192강에서는

- 그는 서울대에 갈 수 있다. 그는 충분히 똑똑하다.
  He can get into Seoul University. He is smart enough.
  (히 캔 겟 인투 서울 유니벌시티. 히 이즈 스마트 이너프)

이렇게 두 문장으로 나눠서 말했는데,

'그는 서울대 가기에 충분히 똑똑하다'라고 어떻게 하면 한 문장으로 말할 수 있을까요?

비밀은! enough 뒤에 to를 붙이면 됩니다.
- enough = 충분히 ~한
- enough to = 충분히 ~하기에 ~한
- enough **to A** = 충분히 **A하기에** ~한

라는 말이 돼요.

그럼 정리해서 말해 볼까요?

- 그는 서울대 가기에 충분히 똑똑하다.
  He is smart enough **to** get into Seoul University.
  (히 이즈 스마트 이너프 투 겟 인투 서울 유니벌시티)

192강에서 다 배웠던 문장들이라 오늘도 너무 쉬웠죠!^^

299

2-193. 직접 써볼까요?

■ 그는 정답을 알 정도로 충분히 똑똑하다.

· 그는 충분히 똑똑하다.
➡ _____

· 알다.
➡ _____

· 그는 알다.
➡ _____

· (그) 정답
➡ the answer(디 앤썰)

· 그는 정답을 알다.
➡ _____

· 그는 정답을 알 정도로 충분히 똑똑하다.
➡ _____

194강 나도 좋아해.
I like it too.

["나도 좋아해"를 배워보도록 할게요.]

오늘은 상황극으로 배워보도록 할게요. 친구랑 커피를 마시고 있는 중이었어요. 그런데 친구가 I like some coffee(아이 라익 썸 커피) 하고 '나는 커피를 좋아해'라고 말했어요. 그 말을 듣고 '나도 좋아해' 하고 말하고 싶은 거예요. 그럼 어떻게 말하면 될까요?

'나도 좋아해' 하고 상대방의 말에 동의하고 싶을 땐 too(투)를 사용해요.
- **too = ~도 역시 ~하다.**

라는 말이에요.

- 나는 좋아하다 = I like(아이 라익)
- 나는 그것을 좋아하다 = I like it.(아이 라익 잇)
- 나 **역시** 그것을 좋아**하다** = I like it **too**.(아이 라익 잇 투)

너무 간단하죠?
우리가 흔히 알고 있는 '나도' = Me too(미 투)와 같은 too랍니다.
- Me too. = 나도 네 말에 동의해.

그런데 **too는 긍정문에만 쓰여요!**
만약 상대방이 '나는 커피가 싫어'
I don't like some coffee(아이 돈 라익 썸 커피)하고 말했어요.
그런데 나도 상대방과 마찬가지로 커피가 싫어요. 이럴 때 '나도'는 too를 사용하면 안 돼요.
방금 전에 말했듯이 too는 긍정문일 때 동의하는 표현이기 때문에 부정문에 동의를 할 때는 too를 쓰지 않고, either(이덜)을 사용합니다.

- **나도** 그래(나도 커피가 싫어)

  I don't like it **either.**

  (아이 돈 라익 잇 이덜)

> ~도 역시 ~하다. = too
> ~도 역시 ~하지 않다. = either

- 나는 바빠 = I'm busy.(아임 비지)

이럴 때 '나도 바빠'라고 대답할 땐 too를 쓸까요? either을 쓸까요?

영어에서의 부정은 not이 들어가야 부정이라고 했죠! 그럼, I'm busy는 not이 들어가지 않았으니 긍정문이겠네요. 이럴 땐!

- 나도 바빠 = I'm too(아임 투) 또는

  Me too(미 투)로 대답해 주면 되겠네요.

2-194. 직접 써볼까요?

■ 나는 노래를 잘 못해' = I can't sing well에 '**나도 잘 못해**' 라고 알맞은 대답을 해 주세요.

- 나도 잘 못해.

  ➡ _____

195강

앨리스의 고양이.
Alice's cat.

["앨리스의 고양이"를 배워보도록 할게요.]

'누구의'라는 의미로 사람의 소유를 나타낼 때는 -'s(-어퍼스트로피 에스)를 사용해요. 끝! 오늘도 너무 간단하죠?

- 앨리스 = Alice(앨리스)
- 의 = 's(어퍼스트로피 에스)
- 고양이 = cat(캣)
- 앨리스의 고양이 = Alice's cat(앨리스 캣)
- 여동생의 책 = sister's book(시스터스 북)
- 오빠의 차 = brother's car(브라덜스 카)

이렇게 써주면 돼요^^ 너무 쉽죠? 그리고 **명사가 s로 끝날 경우에는 단어 끝에 그냥 '(어퍼스트로피)만 붙여**주면 돼요.

- 부모님 = parents(페런츠)

이렇게 '부모님'이라는 단어는 명사 끝이 s로 끝난 복수명사이죠? 이럴 땐! parents' 하고 '(어퍼스트로피)만 써 주면 된답니다.

- 기념일 = anniversary(애니벌써리)
- 부모님의 기념일 = parents' anniversary(페런츠 애니벌써리)
- 나의 부모님의 기념일이다.
  be my parents' anniversary
  (비 마이 페런츠 애니벌써리)

- 오늘은 내 부모님**의** 기념일이다.

    Today is my parents**'** anniversary.

    (투데이 이즈 마이 페런츠 애니벌써리)

이렇게 말할 수 있겠죠. 그리고 대답할 때는 앞 뒤 문장의 주어가 분명하다면, 's뒤에 명사를 생략하고 말할 수도 있어요.

- 이것은 **누구의** 커피인가요?

    Whose coffee is this?

    (후즈 커피 이즈 디스?)

라고 물어 봤을 때, '앨리스의 커피입니다' 하고 대답을 한다면,

It's Alice's coffee. 또는 It's **Alice's.** 하고 뒤에 coffee는 생략하고 대답할 수 있어요^^

> A : I like your car.
> B : Thank, but it's my brother's.
>
> A : 나는 네 차가 좋아.
> B : 고마워, 그런데 이거 우리 오빠 차야.

이렇게 뒤에 car를 붙이지 않아도 '오빠 차'라는 의미 전달이 가능해요.

2-195. 직접 써볼까요?

- 내 친구의 파티
- 내 친구들의 파티

· 내 친구
➡ _____

· 내 친구의 파티
➡ _____

· 내 친구들
➡ _____

· 내 친구들의 파티
➡ _____

196강 나는 나갈지도 몰라.
I might go out.

["나는 나갈지도 몰라"를 배워보도록 할게요.]

- 가다 = go(고)
- 밖 = out(아웃)

이 두 개의 단어가 합쳐진 'go out'은 무슨 뜻일까요?
- go out(고 아웃) = 밖에 나가다

라는 뜻이에요. 별거 아니죠?

'~일지도 모른다'는 어떻게 말할까요?
- ~일지도 모른다. = might(마이트) + 동사원형 이렇게 말해요.

might는 어떤 일이 일어나거나 일어나지 않을 가능성이 있다고 할 때 쓰이는 말인데요, 상황이 50:50일 때 사용해요.

- 나는 나갈지도 모른다 = I might go out.
            (아이 마이트 고 아웃)

너무 간단하죠? 그럼, '나는 안 나갈 수도 있어'도 한번 말해 볼까요? might 뒤에 not만 붙여서 말해 주면 돼요.

- 나는 ~하지 않을지도 모른다 = I might not + 동사원형
- 나는 안 나갈 수도 있어 = I might not go out.
            (아이 마이트 낫 고 아웃)

어때요? 기초가 잘 잡혀있으니 이 정도는 이제 너무 쉽죠?^^

하나 더 연습해 볼까요?

'나는 바쁠지도 몰라'
- 바쁜 = busy(비지)
- 바쁘다 = be busy(비 비지)
- ~일지도 몰라 = might + 동사원형
- 나는 바쁠지도 몰라 = I might be busy.
  (아이 마이트 비 비지)

※ might 다음에는 동사원형을 써 준다고 했죠. 주어가 I라고 해서 be를 am으로 바꾸면 안 되고, 동사원형 그대로 be를 써줍니다.

2-196. 직접 써볼까요?

■ 우리는 유명한 사람을 볼지도 몰라.

- (한 명의) 유명한 사람
➡ _____

- ~일지도 몰라.
➡ _____

- 보다.
➡ _____

- 우리는 볼지도 몰라.
➡ _____

- 우리는 유명한 사람을 볼지도 몰라.
➡ _____

[복습하기16(191~196강)]

1. 내 취미는 일하는 것입니다. =

2. 내 취미는 영어 공부하는 것입니다. =

3. 그는 충분히 똑똑하다. =

4. 그녀는 충분히 예쁘다. =

5. 그는 서울대 가기에 충분히 똑똑하다.
   =

6. 그는 정답을 알 정도로 충분히 똑똑하다.
   =

7. 나도 좋아해. =

8. 나도 잘 못해 =

9. 앨리스의 고양이 =

10. 내 친구의 파티 =

11. 내 친구들의 파티 =

12. 나는 나갈지도 몰라 =

13. 우리는 유명한 사람을 볼지도 몰라. =

[복습하기16(191~196강)]

1. 내 취미는 일하는 것입니다. = My hobby is working.
2. 내 취미는 영어 공부하는 것입니다. = My hobby is studying English .
3. 그는 충분히 똑똑하다. = He is smart enough.
4. 그녀는 충분히 예쁘다. = She is pretty enough.
5. 그는 서울대 가기에 충분히 똑똑하다.
    = He is smart enough to get into Seoul University.
6. 그는 정답을 알 정도로 충분히 똑똑하다.
    = He is smart enough to know the answer.
7. 나도 좋아해. = I like it too.
8. 나도 잘 못해 = I can't sing well either.
                Me, either.
9. 앨리스의 고양이 = Alice's cat.
10. 내 친구의 파티 = My friend's party.
11. 내 친구들의 파티 = My friends' party.
12. 나는 나갈지도 몰라 = I might go out.
13. 우리는 유명한 사람을 볼지도 몰라. = We might see a famous person.

197강   나는 그것을 할 수 있다.
I`m able to do it.

["나는 그것을 할 수 있다"를 배워보도록 할게요.]

우리가 이미 다 할 수 있는 말이죠? 한번 해 볼까요?
- 할 수 있다 = can(캔)
- 나는 할 수 있다 = I can(아이 캔)
- 그것을 하다 = do it(두 잇)
- 나는 그것을 할 수 있다 = I can do it.(아이 캔 두 잇)

이렇게 말할 수 있었죠?

그런데 오늘은 '할 수 있다'를 can(캔) 말고 can과 같은 뜻을 가진 be able to(비 애이블 투)를 이용해서 말해 볼 거예요.

> 할 수 있다. = can(캔)
>   be able to(비 애이블 투)

be able to는 can과 같은 뜻으로 '~할 수 있다'라는 말이에요.

- 나는 그것을 할 수 있다 = I can do it.(아이 캔 두 잇) 이 문장을 can 대신에 be able to를 이용해서 말하면
- 나는 그것을 할 수 있다 = I be able to do it. 여기에서 be는 I를 만나 am으로 바뀌겠죠. 정리해서 말해 보면,

- 나는 그것을 할 수 있다 = I am able to do it.
                    (아이 엠 애이블 투 투잇)

이렇게 말할 수 있겠네요^^

Q. 줄라이! 그럼 can 하고 be able to 하고는 무엇이 다른가요?

A. 뜻은 거의 똑같아요. 그런데 굳이 따지자면, can보다는 be able to가 더 확실히 할 수 있다는 뉘앙스에요.

can이 80% 정도 할 수 있다면 be able to는 99% 확신하며 할 수 있다는 말이에요. 그리고 꼭 be able to를 써야 할 때가 있는데요, 그 부분은 앞으로 천천히 배울 거예요. 오늘은 "be able to는 can과 같은 뜻이다" 요 정도만 알아 두면 될 것 같아요.

2-197. 직접 써볼까요?

■ be able to를 이용하여 '나는 환불받을 수 있을 거야' 를 적어주세요.

- ~할 거야.
➡ _____

- 나는 ~할 거야.
➡ _____

- 나는 ~할 수 있을 거야.
➡ _____

- 환불받다.
➡ get a refund(게러 리펀드)

- 나는 환불받을 수 있을 거야.
➡ _____

198강 나는 그녀를 만나고 싶지 않아요.
I don't wanna meet her.

["나는 그녀를 만나고 싶지 않아요"를 배워보도록 할게요.]

오늘 배울 말도 이미 우리가 다 할 수 있는 말이에요. 진짜인지 아닌지 같이 한번 볼까요?

- 나는 하다 = I do(아이 두)
- 나는 안 하다 = I don't(아이 돈트)
- 원하다 = want(원트)
- 나는 원하지 않아 = I don't want(아이 돈 원트)
- 만나다 = meet(밋)
- 만나기를 = to meet(투 밋)
- 나는 만나기를 원하지 않아 = I don't want to meet(아이 돈 원투밋)
- 그녀를 = her(헐)
- 나는 그녀를 만나기를 원하지 않아.
  I don't want to meet her.
  (아이 돈 원 투 밋헐)

짠! 천천히 해 보니 정말 우리가 다 할 수 있는 말들이었죠.
그런데 오늘은 want to(원 투)를 다른 말로 해 볼 거예요.

> **want to + 동사원형 = ~하길 원해**

want to를 한 단어로 줄여서 말해 줄 수도 있어요.

- want to = wanna(워나)

이렇게 말이죠!

우리가 want to는 이제 익숙해졌으니 오늘은 wanna를 가지고 방금했던 문장을 다시 말해 볼까요?

- 나는 그녀를 만나기를 원하지 않아.
  I don't **want to** meet her.
  I don't **wanna** meet her.(아이 돈트 워나 밋 헐)

이렇게요~ 발음도 훨씬 쉽고 가벼워졌죠?

Q. 줄라이. want to랑 wanna의 차이는요?

A. 차이는 특별히 없어요. 그런데 공식적인 글이나 원서를 작성할 때는 wanna보다는 want to라고 많이 쓰고 그냥 가볍게 대화를 할 때는 wanna를 많이 사용해요^^ 뜻은 차이가 없답니다.

하나 더 연습해 볼까요?
'나는 물 마시길 원해'
- 나는 원해 = I want
- 물 마시기를 = to drink(투 드링크)
- 나는 물 마시기를 원해 = I **want to** drink some water.
  　　　　　　　　　　　　I **wanna** drink some water.

※ water는 셀 수 없는 명사니까 습관적으로 some이 들어가요.

2-198. 직접 써볼까요?

■ 나는 그와 말하고 싶지 않아요.

· 나는 안 하다.
➡ _____

· 나는 원하지 않아.
➡ _____

· 말하다.
➡ talk(톡)

· 말하기를
➡ _____

· 나는 말하기를 원하지 않아.
➡ _____

· 그와
➡ with him(위드 힘)

· 나는 그와 말하고 싶지 않아요.
➡ _____

199강 나는 공부할 거야.
I'm going to study.

["나는 공부할 거야"를 배워보도록 할게요.]

오늘도 너무 쉬운 말이죠~ 그래도 같이 한번 해 볼게요.

- ~할 거야 = will(윌)
- 나는 ~할 거야 = I will(아 윌)
- 나는 공부할 거야 = I will study.(아 윌 스터디)

벌써 끝? 우와~
'나는 공부할 거야'는 I will study 하고 배웠었죠. 그런데 오늘은 will과 같은 뜻을 가진 be going to를 이용해서 말해 볼 거예요.

- will = be going to(비 고잉 투) = ~할거야
  ~할 예정이야

be going to는 will과 같은 뜻을 가지고 있어요.
방금 전에 말한 '나는 공부할 거야'를 be going to를 이용해서 말해 볼까요?

- 나는 공부할 거야.
  I **will** study.
  I **am going to** study.(아이 엠 고잉 투 스터디)
  ※ be going to에서 be는 I를 만나 am으로 바뀐 거죠!

Q. 줄라이. will과 be going to의 차이는요?

A. will은 정해져 있지 않는 미래나 또는 갑작스러운 상황에서 사용되고, be going to는 미래에 이미 결정된 상황에서 사용돼요.

예문을 보면 I will study는 '나는 공부할 거야'라고 말했지만, 정확하게 정해져 있는 건 아니기 때문에 의지는 강하지만 공부를 안 할 수도 있어요.

그런데 I am going to study의 be going to는 미래에 이미 결정된 일이라고 했죠. 무조건 공부를 꼭 하겠다는 계획이에요. 그래서 원래는 be going to를 사용할 땐 뒤에 정확한 시간을 의미하는 단어들이 나와요.

- 나는 오후 5시에 공부할 거야.
  I'm going to study at 5pm.
  (아임 고잉 투 스터디 엣 파이브 피엠)

이렇게 말이죠!

다른 예문을 통해 좀 더 살펴볼까요?
길을 가고 있는데 갑자기 비가 오는 거예요. 그래서 '나는 우산 살 거야'라고 말했어요.
이럴 땐 will을 쓸까요? be going to를 쓸까요?

be going to는 미래에 계획되어 있을 때 사용한다 했는데 갑자기 비가 와서 우산을 사는 일은 계획에 없었던 일이죠!
갑작스러운 상황! 정해져 있지 않는 미래에는 will

- 나는 우산 살 거야. = I **will** buy an umbrella.
  (아 윌 바이 언 엄브렐라)

이렇게 말해 줘야겠네요.

토요일에 여자 친구랑 만나기로 약속을 했어요.
'나는 토요일에 그녀를 만날 거야'라고 말할 땐 will을 쓸까요? be going to를 쓸까요?
토요일에 만날 거라는 건 미래에 결정된 일이죠? 그럴 땐 be going to를 사용한다 했죠!

- 나는 토요일에 그녀를 만날 거야.
    I'**m going to** meet her on Saturday.
    (아임 고잉 투 밋 헐 온 세러데이)

이렇게 말해 줘야 해요.

단어	뜻	쓰임형태
will	~할 거야	정해져 있지 않은 미래
be going to		정해져 있는 미래

이제 어떤 차이인지 정확히 알겠죠?^^

2-199. 직접 써볼까요?

- 주말에 친구와 함께 영화를 보기로 약속했어요.
  이럴 때! '나는 주말에 영화 보러 갈 거야.'

· 나는 ~할 거야.
◯ _____

· 보다.
◯ see(씨)

· 나는 볼 거야.
◯ _____

· 나는 (하나의) 영화 볼 거야.
◯ _____

· 이번 주말
◯ this weekend(디스 위켄드)

· 나는 주말에 영화 보러 갈 거야.
◯ _____

200강 영화 'Taken' 같이 보기.

[영화 "Taken(테이큰)" 같이 보기.]

오늘은 영화 속의 한 장면을 통해서 같이 공부해 보도록 할게요.
[Taken(테이큰)]이라는 영화는 2008년 작품으로 Liam Neeson(리암 니슨)이 주연으로 나온 영화예요.
파리로 여행을 떠난 kim(킴)이 아버지 Brian(브라이언)과 통화를 하던 중 납치를 당해요. 전직 특수 요원이었던 아버지는 딸을 구하기 위해 범인들을 추격하기 시작하는데요, 그때 범인과 아버지 Brian(브라이언)의 통화 내용 중 한 장면이에요.

* 이미지 출처 : 영화 Taken

짜잔! 자막이 잘 읽혀지나요?

오늘은 하나만 배우면 금방 무슨 말인지 읽혀질 거예요.

우리가 199강에서 be going to(비 고잉 투)를 배웠었죠.

be going to(비 고잉 투)는 be gonna(비 거나)로 줄여서 말할 수 있어요.

be going to = be gonna

그럼, 영화를 다시 볼까요?

- know(노우) = 알다.
- don't know(돈 노우) = 모른다.
- I don't know(아이 돈 노우) = 나는 모른다.
- who you are(후 유아) = 네가 누구인지
- I don't know who you are.(아이 돈 노우 후 유아)
  = 나는 네가 누구인지 모른다.

여기까지는 해석이 됐죠?

- but(벗) = 그러나
- I'm gonna(아임 거나) = 나는 ~할 예정이다.
- find(파인드) = 찾다
- I'm gonna find(암 거나 파인드) = 나는 찾을 예정이다.
- and(앤드) = 그리고
- I'm gonna(암 거나) = 나는 ~할 예정이다.
- kill you(킬 유) = 너를 죽이다.
- I'm gonna kill you.(암 거나 킬 유) = 너를 죽일 예정이다.

그럼 다시 정리해서 볼까요?

> I don't know who you are. but
> I'm gonna find and I'm gonna kill you.
> (아이 돈 노 후유아 벗 암 거나 파인드 앤 암 거나 킬유)
> = 나는 네가 누군지 몰라, 그러나 난 너를 찾아서 죽일 거야.

'~할 거야'를 will로 쓰지 않고 be going to(gonna)를 이용해서 말 했다는 건 딸을 납치한 범인을 반드시, 기필코 꼭! 찾아 죽이겠다는 말이겠죠!

그래서 평소에 상대방에게 말할 때는 I'm gonna kill you는 쓰면 안 돼요~ 계획된 범죄로 생각하고 협박죄로 고소를 당할 수도 있으니까요!

2-200. 직접 써볼까요?

■ 다음 문장들을 해석하고 gonna로 바꿔 써 보세요.

- I'm going to marry him.
➡ _____

- I'm not going to cry anymore.
➡ _____

- I'm going to see a doctor tomorrow.
➡ _____

[복습하기17(196~200강)]

1. 나는 그것을 할 수 있다. =

2. 나는 환불받을 수 있을 거야 =

3. 나는 그녀를 만나고 싶지 않아요.
   =

4. 나는 그와 말하고 싶지 않아요.
   =

5. 나는 공부할 거야. =

6. 나는 주말에 영화 보러 갈 거야. =

7. 다음 문장들을 해석하고 gonna로 바꿔 써보세요.

① I'm going to marry him.

② I'm not going to cry anymore.

③ I'm going to see a doctor tomorrow.

[복습하기17(196~200강)]

1. 나는 그것을 할 수 있다. = I'm able to do it.

2. 나는 환불받을 수 있을 거야 = I will be able to get a refund.

3. 나는 그녀를 만나고 싶지 않아요.
    = I don't want to meet her.
       I don't wanna meet her.

4. 나는 그와 말하고 싶지 않아요.
    = I don't want to talk with him.
       I don't wanna talk with him.

5. 나는 공부할 거야. = I'm going to study.

6. 나는 주말에 영화 보러 갈 거야. = I'm going to see a movie this week.

7. 다음 문장들을 해석하고 gonna로 바꿔 써보세요.

① I'm going to marry him.
   I'm gonna marry him.
   나는 그와 결혼할 거야.

② I'm not going to cry anymore.
   I'm not gonna cry anymore.
   나는 더 이상 울지 않을 거야.

③ I'm going to see a doctor tomorrow.
   I'm gonna see a doctor tomorrow.
   나는 내일 병원에 갈 거야.

〈직접 써볼까요?〉 해답지

2-101.
이것은 오이입니다.
It is a cucumber.
이것은 초록색입니다.
It is green.
이것은 오렌지입니다.
It is an orange.
이것은 달콤합니다.
It is sweet.
이것은 커피입니다.
It is coffee.
이것은 사랑입니다.
It is love.

2-102.
나는 너를 완벽하게 이해하다.
I understand you perfectly.

2-103.
나는 오늘 아침 늦게 일어났다.
I got up late this morning.

2-104.
나는 내 점심을 빠르게 먹었다(동작).
I ate my lunch fast.
나는 내 점심을 빠르게 먹었다(시간).
I ate my lunch quickly.
나에게 빨리 말해(동작).
Tell me fast.
나에게 빨리 말해(시간).
Tell me quickly.

2-105.
나는 아침에 절대 커피를 마시지 않아요.
I never drink coffee in the morning.

2-106.
요즘, 나는 많이 먹어.
These days, I eat a lot.

2-107.
나는 너보다 더 어려.
I'm younger than you.

2-108.
장미가 백합보다 더 아름다워요.
Roses are more beautiful than lilies.

2-109.
봄은 여름보다 더 좋은 계절이에요.
Spring is a better season than Summer.

2-110.
그는 가장 나이가 많은 학생입니다.
He is the oldest student.

2-111.
그녀는 우리 반에서 최고로 예뻐요.
She is the prettiest in my class.

2-112.
그녀는 세상에서 가장 아름다워요.
She is the most beautiful in the world.

2-113.
봄이 사계절 중에서 최고 좋아요.
Spring is the best among 4seasons.

2-114.
나는 내일 너를 만나야 해.
I have to meet you tomorrow.

2-115.
당신은 매일 운동하는 것이 좋겠어요.
You should exercise every day.

2-116.
당신은 여기 있지 않는 것이 좋겠어요.
You should not be here.

2-117.
너는 그녀를 사랑할 필요가 없어.
You don't have to love her.

2-118.
나는 (아직까지) 영어 공부를 안 했어.
I haven't studied English.

2-119.
그녀는 김태희만큼 예쁘다.
She is as pretty as 김태희.

2-120.
그는 너만큼 잘생기지 않았어.
He is not as handsome as you.

2-121.
오렌지는 사과보다 더 맛있어요. 그러나 배만큼은 아니에요.
Oranges are more delicious than apples.
but Oranges are not as delicious as pears.

2-122.
그 박물관은 너무 붐벼요.
The museum is too crowded.

2-123.
정원에 꽃들이 있어요.
There are flowers in the garden.

2-124.
내 지갑에 돈이 있어요.
There is some money in my wallet.

2-125.
테이블 위에 책들이 있어요.
There are some books on the table.

2-126.
공연장에 사람들이 없어요.
There aren't people in the concert hall.

2-127.
공연장에 사람들이 없어요.
There aren't any people in the concert hall.

2-128.
나는 쇼핑하기에는 너무 피곤해요.
I'm too tired to do shopping.

2-129.
내가 다니는 학교는 신촌에 있어요.
The school that I go to is in Sinchon.

2-130.
내가 사랑하는 사람은 너야.
The person that I love is you.

2-131.
내가 싫어하는 색은 보라색입니다.
The color that I don't like is purple.

2-132.
그녀는 내가 좋아하는 가수예요.
She is a singer that I like.
She is a singer who I like.

2-133.
이 가방은 어제 내가 산 가방이에요.
This is a bag that I bought yesterday.
This is a bag which I bought yesterday.

2-134.
나는 버스 정류장에서 그를 만났다.
I met him at the bus stop.

2-135.
벽에 거울이 있어요.
There is a mirror on the wall.

2-136.
멀다. = It's far.
가깝네~ = It's close.
훌륭해! = It's great!

2-137.
나는 그녀를 좋아한다. 왜냐하면 그녀는 친절하기 때문에
I like her because she is kind.

2-138.
나는 창문을 닫았다. 왜냐하면 추웠기 때문에
I closed the window because it was cold.

2-139.
나는 행복해. 너 때문에
I'm happy because of you.

2-140.
나는 소음 때문에 창문을 닫았다.
I closed the window because of the noise.
Because of the noise, I closed the window.

2-141.
나는 네가 나를 사랑하는 것을 알고 있다.
I know that you love me.

2-142.
나는 그녀 때문에 내가 용감하다는 것을 깨달았어.
Because of her, I realized that I'm brave.

2-143.
네가 그녀를 만나고 있을 때, 나는 거기에 있었어.
I was there when you met her.
When you met her, I was there.

2-144.
나는 가을이 오면 트렌치코트를 살 거야.
I will buy a trench coat when the fall comes.
When the fall comes, I will buy a trench coat.

2-145.
어떤 종류의 음식을 좋아하세요?
What kind of food do you like?

2-146.
나는 그녀가 어떤 유형의 남자를 좋아하는지 알아.
I know what kind of guy she likes.
I know what type of guy she likes.

2-147.
나는 그녀가 어떤 유형의 남자를 싫어하는지 알아.
I know what type of guy she doesn't like.

2-148.
바쁜 = busy
나는 바쁘다. = I'm busy.
나는 바빴다. = I was busy.
나는 계속 바빴다. = I have been busy.
너는 계속 바빴다. = You have been busy.
그녀는 계속 바빴다. = She has been busy.

2-149.
나는 제주도에 가 본 적이 있어요.
I have been to Jeju Island.

2-150.
너는 (지금까지) 열심히 공부했니?
Have you studied hard?

2-151.
그는 하와이에 가 본 적 있니?
Has he been to Hawaii?

2-152.
그는 프랑스에 가 버렸다.
He has gone to France.

2-153.
나는 지금까지 너를 기다리는 중이야.
I have been waiting for you.

2-154.
나는 1989년도에 태어났다.
I was born in 1989.

2-155.
나는 00년도 0월 0일에 태어났다.
I was born on (월) (일)th, (년도).

2-156.
나는 빵을 원해요(공손한 표현).
I'd like some bread.

2-157.
나는 쉬고 싶어요(공손한 표현).
I'd like to take a rest.

2-158.
물 마실래요? 아니면 주스 마실래요?
Would you like some water or juice?

2-159.
뭐 드실래요?
What would you like to drink?

2-160.
제가 노래 불러드릴까요?
Would you like me to sing a song?

2-161.
나에게 신문 좀 가져다줘.
Get me a newspaper.

2-162.
Age is just number.
나이는 단지 숫자일 뿐

2-163.
딸 : Would you like me to get you a spoon?
엄마 : No, I just wanted a taste.
딸 : 제가 스푼 가져다 드릴까요?
엄마 : 아니, 그냥 맛만 보는 거야.

2-164.
She is just like a cat.
그녀는 꼭 고양이 같다.

2-165.
나는 커피를 먹고 싶어서 스타벅스에 갔다.
I wanted to drink coffee so, I went to Starbucks.

2-166.
예문 없음.

2-167.
너는 어제 얼마나 운동했니?
How long did you exercise yesterday?

2-168.
나는 수업을 받은 후 집에 갑니다.
After I take a class, I go home.
I go home after I take a class.

2-169.
나는 집에 간 후 저녁 먹을 거야.
After I go home, I will have dinner.
I will have dinner after I go home.

2-170.
나는 저녁을 먹은 후 운동을 했다.
After I had dinner, I exercised.
I exercised after I had dinner.

2-171.
나는 잠자기 전에 책을 읽어요.
Before I go to bed, I read a book.
I read a book before I go to bed.

2-172.
나는 그녀를 만나기 전에 꽃을 살 거야.
Before I meet her, I will buy some flowers.
I will buy some flowers before I meet her.

2-173.
나는 너를 만나기 전에 영어 공부를 열심히 했다.
Before I met you, I studied English hard.
I studied English hard before I met you.

2-174.
나는 점심을 먹자마자 커피를 마셔요.
As soon as I have lunch, I drink some coffee.
I drink some coffee as soon as I have lunch.

2-175.
나는 퇴근하자마자 너를 만날 거야.
As soon as I get off work, I will meet you.
I will meet you as soon as I get off work.

2-176.
나는 돈을 벌자마자 차를 샀다.
As soon as I made some money, I bought a car.
I bought a car as soon as I made some money.

2-177.
As long as you love me는 무슨 뜻일까요?
네가 나를 사랑하는 한

2-178.
일주일이 지났다.
It has been a week.

2-179.
내가 너를 본 이후로 2년이 지났다.
Since I saw you, It has been 2years.
It he been 2years since I saw you.

2-180.
오늘은 공휴일이기 때문에 나는 일을 안 합니다.
Since today is holiday, I don't work.
I don't work since today is holiday.

2-181.
네가 나를 싫어해도 나는 너를 좋아할 거야.
Though you don't like me, I will like you.
Although you don't like me, I will like you.
Even though you don't like me, I will like you.

2-182.
예문 없음.

2-183.
Let me go.
나를 가게 해줘
나를 떠나게 해줘.
나를 내버려 둬.

2-184.
만약 내가 나비였다면,
If I were a butterfly,

2-185.
만약 내가 나비였다면, 나는 너에게 날아갔을 거야.
If I were a butterfly, I would fly to you.

2-186.
나는 날씬했으면 좋겠어.
I wish (that) I were skinny.

2-187.
네가 나에게 전화했으면 좋았을 텐데.
I wish you had called me.

2-188.
나는 사람들 앞에서 말을 잘할 수 있다.
I can speak well in front of people.

2-189.
(그) 은행은 저 건물 뒤에 있어요.
The bank is behind that building.

2-190.
공부하는 것은 행복하다.
Studying is happy.

2-191.
내 취미는 영어 공부하는 것입니다.
My hobby is studying English.

2-192.
그녀는 충분히 예쁘다.
She is pretty enough.

2-193.
그는 정답을 알 정도로 충분히 똑똑하다.
He is smart enough to know the answer.

2-194.
나도 잘 못해.
I can't sing well either.
Me, either.

2-195.
내 친구의 파티, 내 친구들의 파티
My friend's party.
My friends' party.

2-196.
우리는 유명한 사람을 볼지도 몰라.
We might see a famous person.

2-197.
나는 환불받을 수 있을 거야.
I will be able to get a refund.

2-198.
나는 그와 말하고 싶지 않아요.
I don't want to talk with him.
I don't wanna talk with him.

2-199.
나는 주말에 영화 보러 갈 거야.
I'm going to see a movie this weekend.

2-200.
다음 문장들을 해석하고 gonna로 바꿔 써 보세요.

① I'm going to marry him.
   I'm gonna marry him.
   나는 그와 결혼할 거야.

② I'm not going to cry anymore.
   I'm not gonna cry anymore.
   나는 더 이상 울지 않을 거야.

③ I'm going to see a doctor tomorrow.
   I'm gonna see a doctor tomorrow.
   나는 내일 병원에 갈 거야.